Yale Language Series

La France et la Francophonie

With Online Media

MARY ANNE O'NEIL, Whitman College

Conversations with Native Speakers
Ceil Lucas, SERIES EDITOR

Yale UNIVERSITY PRESS   New Haven and London

This book was originally accompanied by a DVD. The video files are now available online. To access them, go to Yalebooks.com/lafrance
Username: lafrance
Password: oneil15

Publisher: Mary Jane Peluso
Editorial Assistant: Gretchen Rings
Manuscript Editor: Laura Jones Dooley
Designer: Sonia Shannon
Production Controller: Maureen Noonan
Marketing Manager: Tim Shea

Set in Garamond type by Achorn Graphic Services.

Printed in the United States of America.

The Library of Congress has cataloged the DVD edition as follows:

O'Neil, Mary Anne, 1945–
La France et la francophonie : conversations with native speakers / Mary Anne O'Neil, Ceil Lucas.
p. cm. — (Yale language series)
ISBN 978-0-300-11534-5
1. French language—Video recordings for foreign speakers. 2. French language—Textbooks for foreign speakers—English. 3. French language—Spoken French. 4. France—Civilization. I. Lucas, Ceil. II. Title. III. Series
PC2129.E5 054 2005
448.3′421—dc22
2003027049

ISBN 978-0-300-22167-1 (pbk. with online media)

A catalogue record for this book is available from the British Library.

This paper meets the requirements of ANSI/NISO Z39.48 1992 (Permanence of Paper).

10 9 8 7 6 5 4 3 2 1

Contents

Acknowledgments xiii

INTRODUCTION

About the Transcriptions xv
How to Use the DVD and Workbook xvi
Outlining the Course by Video Segment xvii

CHAPITRE 1 **La Ville, la banlieue, la province**

Segment 1 (00:00:00) 1
Prepositions of place
Segment 2 (00:01:05) 3
The "passé composé"
Segment 3 (00:01:49) 5
The use of "on"
Segment 4 (00:02:33) 6
Impersonal verbal expressions
Segment 5 (00:04:07) 8
The omission of "ne"

CHAPITRE 2 **La Francophonie**

Segment 1 (00:04:55) 10
The present indicative
Segment 2 (00:06:03) 12
Prepositions with names of countries

Segment 3 (00:06:33) 13
Adjectives indicating nationality
Segment 4 (00:07:08) 15
Agreement of adjectives
Segment 5 (00:08:05) 17
The passive voice

CHAPITRE 3 **La Maison**
Segment 1 (00:10:05) 20
Past tenses
Segment 2 (00:11:32) 22
Personal pronouns
Segment 3 (00:12:05) 24
Infinitives after verbs and impersonal expressions
Segment 4 (00:13:15) 26
Placement of adverbs

CHAPITRE 4 **Le Travail (1)**
Segment 1 (00:14:12) 28
Contrasts between the "imparfait" and the "passé composé"
Segment 2 (00:15:02) 30
Professions
Segment 3 (00:16:13) 32
The partitive
Segment 4 (00:17:03) 34
The plural of nouns ending in "-al"
Segment 5 (00:17:31) 35
Relative and demonstrative pronouns

CHAPITRE 5 **Le Travail (2)**
Segment 1 (00:19:00) 37
The varied meanings of "on"

Segment 2 (00:20:11) 39
The relative pronoun "ce qui"
Segment 3 (00:21:41) 41
Acronyms
Segment 4 (00:22:23) 43
The use of "depuis" with the present and past tenses
Segment 5 (00:23:23) 44
The verbs "rentrer" and "retourner"

CHAPITRE 6 Les Loisirs
Segment 1 (00:25:48) 47
"Faire du sport"
Segment 2 (00:26:15) 49
Agreement of the past participle with a preceding direct object
Segment 3 (00:26:57) 50
Agreement of the past participle with a verb conjugated with "être"
Segment 4 (00:27:48) 52
"En cours de"
Segment 5 (00:28:10) 53
"La journée"

CHAPITRE 7 Le Sport
Segment 1 (00:29:02) 55
Collective numbers
Segment 2 (00:29:41) 57
Reflexive verbs used to avoid the passive voice
Segment 3 (00:31:10) 59
"Au travers"
Segment 4 (00:32:03) 61
The subjunctive of "être"

CHAPITRE 8 Le Cinéma

Segment 1 (00:33:23) 64
The past conditional
Segment 2 (00:33:46) 65
Placement of adverbs
Segment 3 (00:34:39) 67
"Être au courant"

CHAPITRE 9 La Lecture

Segment 1 (00:35:27) 69
The relative pronoun "dont"
Segment 2 (00:36:08) 71
The partitive with plural adjectives preceding the noun
Segment 3 (00:36:43) 72
The partitive with plural adjectives preceding the noun
Segment 4 (00:37:24) 73
The demonstrative adjective
Segment 5 (00:38:08) 75
The definite article used in a general sense

CHAPITRE 10 La Mode

Segment 1 (00:38:51) 77
The imperfect with habitual past actions
Segment 2 (00:39:24) 79
The imperfect with habitual past actions
Segment 3 (00:40:36) 81
The pronunciation of final consonants

CHAPITRE 11 La Cuisine et le vin

Segment 1 (00:41:22) 83
Relative pronouns
Segment 2 (00:42:14) 85
The partitive

Segment 3 (00:42:48) 86
The retention of the indefinite article after a negation
Segment 4 (00:43:11) 88
The partitive
Segment 5 (00:43:38) 89
Adverbs
Segment 6 (00:45:26) 91
The pronoun "on"

CHAPITRE 12 L'Éducation nationale
Segment 1 (00:46:15) 93
"Jusqu'à"
Segment 2 (00:47:08) 95
"Il s'agit de"
Segment 3 (00:47:53) 97
Acronyms
Segment 4 (00:49:17) 100
The superlative of "bon" and "bien"

CHAPITRE 13 La Technologie
Segment 1 (00:51:39) 104
Agreement of the past participle
Segment 2 (00:52:34) 106
"En" used as an indication of time
Segment 3 (00:53:43) 108
"Par contre"
Segment 4 (00:54:30) 110
The sequence of subjunctive tenses
Segment 5 (00:55:19) 112
"Faire faire"

CHAPITRE 14 La Famille
Segment 1 (00:56:15) 114
Disjunctive pronouns

Segment 2 (00:57:09) 116
"C'est moi qui"
Segment 3 (00:58:15) 117
"Chez moi"
Segment 4 (00:58:41) 119
"Il y a" with past tenses
Segment 5 (00:59:38) 120
"Manquer à"

CHAPITRE 15 La Situation de la femme
Segment 1 (01:00:19) 122
The plural of compound nouns
Segment 2 (01:01:37) 124
"Par rapport à"; "vis-à-vis de"
Segment 3 (01:03:00) 126
Conditional sentences
Segment 4 (01:03:44) 127
"Ne... que"

CHAPITRE 16 La Vie politique
Segment 1 (01:04:49) 129
"De nouveau"
Segment 2 (01:05:33) 131
The use of "depuis" with the "passé composé"
Segment 3 (01:06:15) 133
"N'importe quel"
Segment 4 (01:07:02) 135
"Peut-être"
Segment 5 (01:07:55) 137
The plural of nouns and adjectives ending in "-al"

CHAPITRE 17 Des Problèmes sociaux actuels

Segment 1 (01:09:06) 139
The present participle
Segment 2 (01:09:41) 141
Transportation
Segment 3 (01:10:19) 142
"Nous autres"
Segment 4 (01:11:09) 144
"Un peu"—French understatement
Segment 5 (01:11:44) 146
"Dont"

CHAPITRE 18 Les Différences linguistiques

Segment 1 (01:12:49) 148
Special uses of the conditional tense
Segment 2 (01:13:09) 149
Agreement of adjectives
Segment 3 (01:14:02) 151
Slang
Segment 4 (01:14:45) 153
Creole

CHAPITRE 19 Les Souvenirs

Segment 1 (01:16:03) 155
The sequence of tenses in the subjunctive
Segment 2 (01:17:09) 157
"Revenir"
Segment 3 (01:18:00) 158
"Se rendre compte"
Segment 4 (01:18:58) 160
The imperfect tense with habitual past actions
Segment 5 (01:19:34) 161
"Le samedi"

CHAPITRE 20 L'Avenir

Segment 1 (01:21:02) 164
"Trucs"

Segment 2 (01:21:33) 166
The future perfect

Segment 3 (01:22:16) 168
The conditional

Segment 4 (01:22:48) 169
"Chacun"

Segment 5 (01:23:36) 171
The conditional of "devoir"

Acknowledgments

La France et la francophonie is a collaborative production. I thank, especially, Ceil Lucas, series editor of Conversations with Native Speakers, who helped me endlessly with the organization of the project, with interviews in Washington, D.C., and with access to the Gallaudet University Television Department. Her intelligence is exceeded only by her generosity. I thank Ron Reed for his excellent camera work and John Mullen for his masterful editing of more than twenty hours of videotape. I also thank the staff of Yale University Press, especially Mary Jane Peluso, for funding, editing, and publishing these projects, and my daughter, Anne O'Neil-Henry, for preparing the manuscript for publication.

I have always found the French to be very helpful, and the creation of this workbook confirmed my observation. Martine and Michel Monier and Laurent and Cécile Gascoin arranged the interviews in and around Paris. The Poulain family, especially Jean, Colette, and Véronique Poulain and Emmanuel and Marie-Félix Blotas, opened their homes to us, arranged and accorded interviews, and introduced us to the culture of Anjou and the Sarthe. In Provence, Robert and Martine Brihiez, Jean and Chantal Ichartel, and Maurice and Marie Monier showed us the unique beauty and personality of this region. Many thanks, also, to Harlan Lane, who helped arrange the sign-language interview, as well as to Bill Moody, the sign-language interpreter.

Last, I thank my husband, Patrick Henry, for his encouragement to undertake this project, his assistance during the interviews, and his constructive criticism of the manuscript. I would not have completed this work without his support.

This book was originally accompanied by a DVD. The video files are now available online. To access them, go to Yalebooks.com/lafrance
Username: lafrance
Password: oneil15

Introduction

La France et la francophonie consists of twenty chapters, each focusing on a specific topic ranging from geography to politics. The chapters vary in length. The shortest, on the cinema, contains three segments, while the longest, on food and wine, has six. The youngest speakers are in their early teens and the oldest are over eighty. They are students, teachers, farmworkers, artisans, police officers, engineers, and airline employees, some in mid-career and some retired. In other words, they represent a cross-section of contemporary French and Francophone populations. As such, they provide us with a broad range of accents and styles. Because these interviews were not rehearsed, they offer excellent examples of modern French spoken naturally and freely.

The DVD and this Workbook may be used in or outside the classroom. These materials are suitable for advanced high school classes, any university-level French course, and adult education. Each segment of this Workbook contains the transcription of the corresponding interview on the DVD, notes on grammar and vocabulary, and suggested discussion topics. The grammar and vocabulary notes are not comprehensive, and students should use a French-English dictionary as well as a grammar text or reference in conjunction with this book.

About the Transcriptions

What you see and hear on the DVD of *La France and la francophonie* are unrehearsed, spontaneous interviews. The speakers often use exclamations or filler words, such as "bon," "ben," and "donc," as interjections. They often hesitate or pause, or begin a sentence in one way and then change it into something quite different as they are speaking. Most of the speakers use grammatical constructions that do not represent standard usage: you will note, especially, the frequent elimination of the "ne" in negative verb constructions. I have attempted to point out these spoken anomalies in this Workbook, and each transcription of the video segment follows word for word what each speaker has actually said, including the use of repeated words, such as "de, de" or "je, je," that occur as the speaker formulates his or her thoughts. Nonstandard grammar has not been corrected.

La France et la francophonie presents a variety of regional accents, among them the clipped French of Paris, the melodious French of Provence, and Haitian French. American students may be shocked at first to hear such different accents as well as French spoken so quickly. Students will have to listen to the segments frequently before they will comprehend them fully. The advantage of *La France et la francophonie* over staged interviews is that it presents contemporary French as it is spoken in everyday life, in all its complexity and richness.

How to Use the DVD and Workbook

The DVD and the Workbook provide ninety-two segments to be used as follows:

- Select the segment to be used and view it once or twice without reading the corresponding transcription;
- After viewing the segment, read and discuss the transcribed segment in the Workbook, taking care to study the Notes and look up difficult vocabulary in a dictionary;
- Listen to the interview while reading the transcribed segment in order to associate the spoken with the written words;
- View the interview yet another time to achieve full comprehension;
- In the classroom, discuss the topics suggested at the end of the segment with classmates; and
- Write about one of the discussion topics as homework.

Outlining the Course by Video Segment

The video segments in *La France et la francophonie* are short; most last only about thirty seconds. It is thus possible to spend only a part of each class, perhaps the first or last fifteen minutes, studying a single video segment. It is also possible to devote an hour-long class to an entire chapter. In this second case, the instructor may wish to compare segments for phonetics, grammar, or culture or to concentrate on one segment in class and assign other segments for outside study. The DVD and Workbook can be covered in one semester if used as a primary text or over two semesters if used as a supplement. The chapters can be studied in whichever order best fits the instructor's and students' needs. Each segment is numbered and keyed to each component so that the interviews can be easily found and selected. *La France et la francophonie* can also be used with other cultural materials, such as magazines, newspapers, movies, Web sites, maps, and even recipes. The DVD and Workbook do not constitute a method to be followed slavishly but serve, rather, as a springboard to creativity.

CHAPITRE 1

La Ville, la banlieue, la province

SEGMENT 1 • Prepositions of place

TIME: 00:00:00

The speaker, in his midfifties, is the owner of a consignment store in the suburbs of Paris. He describes his working life in Paris.

Alors, j'ai effectivement longtemps travaillé **dans** Paris même, dans le centre de Paris, euh, sur les Champs Elysées, dans **le huitième arrondissement** dans les quartiers d'affaires, à **la Défense.** Euh, les avantages **bon, ben, c'est, c'est** une ville très animée. Il y a, il y a beaucoup de choses, beaucoup de... de **sorties.** Sur le plan professionnel, tout le monde est à Paris. Enfin, beaucoup de... de responsables, de sociétés sont **à** Paris. Donc, c'est très pratique. Par contre, c'est quand même assez trépidant, assez, assez bruyant. La circulation est très difficile, et je dois dire que maintenant je préfère travailler en banlieue où j'ai beaucoup moins de, de trajet. C'est moins, moins fatigant, moins stressant de, que de, que d'aller à Paris tous les jours et de passer une heure et demie en voiture dans, dans les embouteillages parisiens.

Notes

dans	within; inside of
le huitième arrondissement	Paris is divided into twenty "arrondissements," or administrative districts. The Champs Elysées is located in the eighth "arrondissement."
la Défense	a financial center at the northwest limits of Paris
bon, ben	An interjection equivalent to the English "well"; "ben" is a familiar form of "bien."
c'est, c'est	Here, as in most of the interviews, speakers repeat words or phrases as they formulate their thoughts.
sorties	places to go
à	normally used to mean "to" or "in" a city

Sujets de discussion

1. Quels sont les avantages de vivre à Paris ? De travailler à Paris ?
2. Quels en sont les inconvénients ?

SEGMENT 2 • **The "passé composé"**
TIME: 00:01:05

The speaker, in her early thirties, is a flight attendant and the mother of two young sons. She and her husband live in a suburb south of Paris.

On essaie de recréer un petit peu ce qu'**on a vécu** aussi à la campagne... à la campagne, oui, ici. **On n'a pas voulu** s'installer dans le centre de Paris. C'est quelque chose que ni moi ni mon mari, on n'aurait pu envisager, **quoi,** vivre en ville. C'était trop difficile. Donc on attendait avec impatience de pouvoir acheter une maison. Et enfin, cette année **on a pu** acheter la maison. Et, c'est... c'est une autre vie, **quoi,** vivre en appartement. **C'est pas facile,** surtout avec les enfants. Donc, enfin, on était très heureux en appartement, mais maintenant avec une maison, un jardin.... Pour les enfants, c'est... on est presque à la campagne ici.

Notes

on a vécu — The use of the "passé composé" implies that the person who is speaking considers this action to be limited in the past and completely finished.

On n'a pas voulu	The "passé composé" of the verb "vouloir" has a stronger sense than the imperfect and can be translated as: "we refused to."
quoi	an interjection without a real meaning
on a pu	Another verb, "pouvoir," whose sense in the "passé composé" is stronger than in the imperfect and can be translated as: "we managed to" or "we succeeded in."
C'est pas facile	In spoken French, the first part of the negation, "ne," is frequently dropped. This practice is common among all speakers of French and does not shock the ear.

Sujets de discussion

1. Quelles sont les difficultés rencontrées par une jeune famille à Paris ?
2. Pourquoi cette famille a-t-elle choisi cette maison en particulier ?

SEGMENT 3 • **The use of "on"**
TIME: 00:01:49

The speaker, who has been retired for more than twenty years, explains her preference for living in the south of France over life in Paris.

Mais, à Paris, c'était un appartement, dans un.... Enfin, non, c'était à **Colombes.** C'était un appartement, **que vous avez connu,** et ici c'est beaucoup plus agréable, parce qu'il y a du soleil, parce qu'il y a de l'espace, il y a des fleurs, il y a... il y a tout. Des voisins agréables.... Et la vie en province est quand même beaucoup plus **cool** que la vie... enfin beaucoup plus détendue que la vie dans la région parisienne.... Parce qu'on connaît tout le monde, on arrive à connaître tout le monde, oui, mmm.... Et que les gens sont... sont plus ouverts, enfin, ils sont plus... sont plus, comment dirais-je, enfin ils sont.... **On** se parle d'avantage.

Notes

Colombes	a suburb north of Paris
que vous avez connu	a reference to the interviewer's familiarity with the speaker's former apartment in Colombes

cool	The influence of American English is everywhere in modern French.
On	"On" is often used impersonally, as the English "you" or "people." For example, "On se parle davantage": "People speak to each other more," or "You speak to people more."

Sujets de discussion

1. Pourquoi cette dame préfère-t-elle la vie à la campagne ?
2. Quels sont les avantages de la Provence pour les personnes plus âgées ?

SEGMENT 4 • Impersonal verbal expressions

TIME: 00:02:33

The speaker is an elementary school teacher in her midthirties. Her love of the province of Anjou is infectious.

J'aime beaucoup la province. C'est vrai... **euh....** Il y a toute, toute sorte de... de... de gens. Moi, c'est vrai que je préfère vivre là parce que j'aime bien prendre mon temps, et en province je crois qu'on peut prendre son temps beaucoup plus que dans les grandes villes. Ça, c'est pour ce qui est la vie **quotidienne.** Le calme de la province est quand même très agréable. Euh... nous habitons là dans une toute petite ville, mais on peut sortir et tout de suite se promener, être à la campagne, voir la rivière, les arbres. J'aime beaucoup me promener, et dans, dans une grosse ville, eh bien, il faut tout de suite prendre du temps pour sortir dans la campagne. Et puis, je crois qu'autrefois on aimait beaucoup aller en ville quand on aimait bien tout ce qui était culturel parce qu'on ne le trouvait que dans les grandes villes. Les concerts, les opéras, le théâtre, même les nouveaux films de cinéma ou tout ce qui était culturel, on ne le trouve que dans les grandes villes. Alors que maintenant, **ça s'est beaucoup plus popularisé. Ça, c'est sorti de Paris.** Et dans toutes les villes, et même une petite ville ici de cinq mille habitants, on trouve un programme culturel très important. Donc, même les Parisiens nous disent parfois que c'est plus facile de sortir voir des spectacles en province, qu'à Paris, où il faut tout de suite se déplacer, aller à l'autre bout de la ville pour trouver quelque chose qui correspond à ses intérêts.

Notes

euh	uh
quotidienne	everyday
ça s'est beaucoup plus popularisé	The speaker is using a reflexive construction to express what would be a passive construction in English: "It has been popularized much more."
Ça, c'est sorti de Paris	Here, both "ça" and "c'" refer to all of the preceding cultural events. The verb is used in the singular.

Sujets de discussion

1. Quels changements récents ont augmenté l'agrément de la vie en province ?
2. Qu'est-ce que cette personne apprécie dans la vie provinciale ?

SEGMENT 5 • The omission of "ne"
TIME: 00:04:07

The speakers are two "collège," or middle school, students from the Sarthe, a rural province on the southern border of Normandy. They have very different ideas on life in the country.

Le garçon: Je m'appelle Valentin. **J'suis** en **Cinquième trois.** J'ai douze ans. Ben, **j'aime pas trop** la campagne parce qu'**il y a pas de** magasins. Et puis, **j'ai pas,** je préfère... moi, j'aime pas trop les vaches, tout ça là. La ferme, ça, non! Je préfère la ville. **Puis, voilà.**
La fille: Ce que j'aime bien à la campagne, c'est le calme... le calme.... Et **puis, voilà.**

Notes

J'suis	"Je suis." This elision of the mute "e" of "je" is common in spoken French.
Cinquième trois	The third section of a second-year class of the French middle school and equivalent to the American seventh grade.
j'aime pas trop	"je **n**'aime pas trop"
il y a pas	"Il **n**'y a pas." The omission of the "ne" is common in spoken French.
j'ai pas	"Je **ne sais** pas." This elided form is also common in spoken French.
Puis, voilà	Both speakers use this expression to show that they have no more to say.

Sujet de discussion

1. Comparer les attitudes des élèves envers la campagne à celles des adultes que vous avez déjà écoutés.

CHAPITRE 2

La Francophonie

SEGMENT 1 • The present indicative

TIME: 00:04:55

The speaker is a young student from Benin, West Africa, who studies accounting at a private business school in Paris.

Alors, actuellement, j'étudie... je suis en classe de **BTS comptabilité-gestion** en première année. C'est-à-dire que **mon examen,** c'est l'année prochaine. Si j'étudie ça, c'est un peu pour aider mes parents. Parce que chez moi, c'est le Bénin. Mon père a, il a un établissement privé, un peu comme cette école, et ma mère, elle fait un peu de commerce.

À Paris, c'est... c'est naturel. Vous savez, **la France, c'était l'ancienne...** le Bénin, c'est l'ancienne colonie de la France. Donc, comme les Ghanéens auront envie d'aller, **je ne sais pas,** en Grande Bretagne, aux Etats-Unis, pour une question de langue, **quoi,** vous voyez ?... C'est... la France, c'est normal... c'est, comment je vais dire ? Ça a été naturel, quoi.

Notes

BTS comptabilité-gestion	Brevet de Technicien Supérieur. This two-year degree guarantees the young man a job in accounting and business management.
mon examen	The examination conferring the BTS degree takes place at the end of two years of study.
la France, c'était l'ancienne...	The speaker catches the mistake he was about to make by saying that France was a former colony of Benin, instead of Benin being the former colony of France.
je ne sais pas	This expression is often used in conversation to indicate that the speaker is searching for the right words.
quoi	an interjection without any real meaning

Sujet de discussion

1. Quelles sont les raisons pour lesquelles ce jeune Africain est venu à Paris ? Tenez compte de ses raisons personnelles aussi bien que de ses raisons plus générales.

SEGMENT 2 • **Prepositions with names of countries**
TIME: 00:06:03

The speaker is a Moroccan who works seasonally in an agricultural area near Avignon. He has learned French while working in France. His two native languages are Berber and Arabic.

Je m'appelle **Hassout, Allal. J'ai né** en 1966 (mil neuf cent soixante-six) **au Maroc.** Et, **j'ai né** à la campagne. **C'est pas** en ville. Et **j'ai rentré** en France en 1986 (mil neuf cent quatre-vingt-six). Ça fait dix-sept ans que je travaille en France, à Barbentane. C'est le même village. Alors, **j'ai jamais changé** de ville.

Notes

Hassout, Allal	The speaker gives his last name first.
j'ai né; j'ai rentré	Nonstandard usage. Correct usage requires "être" as an auxiliary verb: "je suis né"; "je suis rentré."
C'est pas	"Ce **n'**est pas"
au Maroc	"In," "to," or "at" with a masculine country is expressed by "à," plus "le"

	and the country's name. "À" and "le" contract to "au."
j'ai jamais changé	"je **n'**ai jamais changé"

Sujets de discussion

1. Pourquoi cet ouvrier agricole est-il venu en France ?
2. Pourquoi a-t-il choisi de travailler dans un village au lieu d'une ville ?

SEGMENT 3 • Adjectives indicating nationality

TIME: 00:06:33

The speaker is a young Frenchman of Tunisian parents who runs a small neighborhood grocery in the suburbs of Paris.

Je suis d'origine tunisienne, et je suis... enfin mes parents, ils sont venus en France. Je suis né en France, mais je suis d'origine tunisienne. **Je suis tunisien.... Ben,** ils sont venus en France parce que, parce qu'avant on était occupé par, parce que la Tunisie, elle était occupée par la France, en fait. Et puis, après **la guerre,** tout ça, **il y avait pas** beaucoup de travail et tout ça. Ce qui fait qu'**ils sont émigrés** ici, et puis, et puis, ils nous ont mis au monde, et puis on est resté là, et puis, voilà, quoi.

Notes

Je suis tunisien	Here, the word indicating a nationality functions as an adjective. It agrees with the subject, is used without an indefinite article, and is not capitalized.
ben	An interjection equivalent to the English "well"; "ben" is a familiar form of "bien."
la guerre	The speaker is referring to Tunisia's long struggle for independence from France, which ended only in the late 1950s.
il y avait pas	"il **n**'y avait pas"
ils sont émigrés	The speaker conjugates the verb "émigrer" with "être" in the "passé composé" as an intransitive verb of motion like "aller" or "venir."

Sujet de discussion

1. Pourquoi les anciens sujets des colonies françaises, surtout ceux qui venaient d'Algérie, de Tunisie, et du Maroc, sont-ils venus en France après l'indépendance de leurs pays ?

SEGMENT 4 • **Agreement of adjectives**
TIME: 00:07:08

The speaker is a Haitian immigrant living in Washington, D.C. He works as an accountant for an American university. Here, he speaks of his native country.

Je suis d'Haïti.... Haïti est situé dans **la Caraïbe.** Et, c'est... c'est une île qui a une population de six millions d'habitants. Et 80% **(quatre-vingt pour cent) à** 85% **(quatre-vingt-cinq pour cent) de la population est noire,** et le reste de la population est **métiste.** Donc, l'influence française est beaucoup.... Il faut dire que Haïti a été une colonie française, **et l'Haïti... Haïti après l'indépendance** en 1804 (mil huit cent quatre). Et depuis lors nous avons toujours gardé contact avec la France. Et l'influence française est très grande **en Haïti.** La constitution haïtienne est aussi de la langue française. Les lois, tout ça, c'est de la langue française. Donc, **d'après,** même si Haïti est un peu loin de la France, mais l'influence est toujours là.

Notes

la Caraïbe	The Carribean Sea. The use of the singular may be an anglicism. The standard name for this sea is "la mer des Caraïbes."

80% (quatre-vingts pour cent) à 85% (quatre-vingt-cinq pour cent) de la population est noire	Because "pour cent" is not a noun, the adjective must agree with the noun limited by the percentage. In this case, "noire" agrees with the feminine noun "population." "Quatre-vingts" is pluralized only when not followed by another noun.
métiste	Mixed-race; the adjective agrees with "la population." "Métiste" may be a colloquialism. The more common term is "métisse."
l'Haïti	It is not necessary to use a definite article with an island. "Haïti" is grammatically acceptable.
Haïti après l'indépendance	Before its independence from France in 1804, Haiti was known as Saint Dominique.
en Haïti	"En" is used to express "to," "in," or "at" an island beginning with a vowel or a mute "h." Otherwise, "à" is used with island names, for example, "à Cuba."
d'après	According to; the speaker changes his train of thought and does not follow up on the thought introduced by "d'après."

si grave que ça. Et on débouche sur le jardin. Ensuite, donc, il y a un petit escalier qui permet d'accéder à la, à la maison. Et là, donc, il y a **deux plateaux,** un premier plateau avec une entrée, la salle de bains, une cuisine, et **un** grand **séjour,** que nous avons beaucoup agrandi. Il y avait autrefois deux pièces et on a fait... on a ajouté une troisième plus une grande véranda qu'on utilise surtout à partir du printemps, un peu moins en été parce qu'il fait très chaud, après à l'automne, par contre pas du tout l'hiver. Et puis, il y a un autre étage avec les chambres et un bureau.

Ces trois étages sont un... je trouve un gros inconvénient parce que c'est très fatigant. On est perpétuellement dans les escaliers. Le linge se lave en bas. Il se range au dernier étage. Donc, c'est beaucoup de, beaucoup de cavalcades dans les escaliers. Mais, bon, pour l'instant c'est encore supportable. Mais je pense que plus tard, lorsque nous serons en retraite, nous choisirons **une maison plein pied,** parce que c'est quand même très fatigant.

Notes

rentrait	The use of the "imparfait" in this and the two following verbs indicates habitual action in the past.
Nous avons loué	The use of the "passé composé" in this and the following verb indicates a definitive action that took place in the past.
loué	The family rented the shop to someone else.
deux plateaux	two levels, or floors
un... séjour	a living room
une maison plein pied	a one-story house

Sujets de discussion

1. Comparez cette maison à la maison américaine typique.
2. Quels sont les inconvénients de cette maison ?

SEGMENT 2 • Personal pronouns

TIME: 00:11:32

The speaker explains how family considerations influenced the decision to buy a modern house in a residential community south of Paris.

Et, **euh,** ça nous plaisait aussi parce qu'**elle** était toute ouverte; c'est une maison qui est ouverte. On rentre. On n'a pas l'impression d'être coincé dans un petit cellier. **C'est ouvert directement sur** le séjour. La cuisine est ouverte également sur le séjour. Donc, les enfants peuvent jouer. Je les surveille. Partout où je suis, je peux **les** voir. Je passe beaucoup de temps dans la cuisine. Donc, lorsque je suis dans la cuisine, je les vois. Donc, c'est du temps aussi où je suis avec **eux.** Et, euh, ça **nous** plaisait aussi... le jardin nous plaisait beaucoup.

Notes

euh	uh
elle	the house

C'est ouvert directement sur le séjour	The house is organized around a large living room, which can be seen from the entryway and kitchen.
les	a direct object pronoun referring to the children
eux	a disjunctive pronoun used with the preposition "avec" referring to the children
nous	an indirect object pronoun used with the verb "plaire"—"plaire à"

Sujet de discussion

1. Comment cette maison moderne diffère-t-elle de la maison décrite dans l'interview précédante ?

SEGMENT 3 • Infinitives after verbs and impersonal expressions

TIME: 00:12:05

The speaker describes her home in the Sarthe region. Certain parts of this farmhouse were built in the sixteenth century.

Voilà. C'est pour ça qu'on a acheté cette maison qui est une maison qui date, enfin, certaines parties, pas toutes les parties, mais certaines parties datent du seizième siècle. Donc, on **aime** aussi le côté historique, **restaurer** les vieilles pierres, et cetera. On trouve que la maison a plus de vie dans ce sens-là.... C'était une ferme, **une ferme de maître** parce qu'elle est sur deux étages. Donc, sinon, on voit souvent des fermettes, c'est-à-dire, des fermes qui ne sont que sur un seul, que sur le rez-de-chaussée. Alors que là, il y a un deuxième étage. Et donc, c'était, ça **c'est rare d'en trouver** en fait. Et on pense que c'était la ferme qui était **attenante** au château de Saint-Aignan, qui se trouve en fait derrière le bois à côté de chez nous. Et donc c'était une ferme qui était très importante, que... on pourra aller voir eventuellement plus tard, mais il y a, il y avait **un four à chanvre.** Il y avait, il y a beaucoup, beaucoup de **dépendances....**

Et puis, bon, il y a le côté pratique, hien, **c'est joli de vouloir** une maison **à l'ancienne,** mais quand on a de jeunes enfants, et cetera, pour le nettoyage c'est pas, **c'est pas très** pratique.

Notes

on aime... restaurer	The infinitive is used without a preposition after certain verbs, such as "aimer."
une ferme de maître	This farm belonged to an important farmer who probably managed other farms for the owners of the château.
c'est rare d'en trouver; c'est joli de vouloir	After the verb "être" and an adjective, the infinitive is normally preceded by "de."
attenante	abutting
un four à chanvre	an oven for drying hemp that was then made into rope
dépendances	outbuildings, or annexes
à l'ancienne	in the old style
c'est pas très	"ce **n'**est pas très"

Sujets de discussion

1. Reconstituez l'histoire de cette maison.
2. Quels sont les inconvénients d'une maison à l'ancienne ?

SEGMENT 4 • Placement of adverbs

TIME: 00:13:15

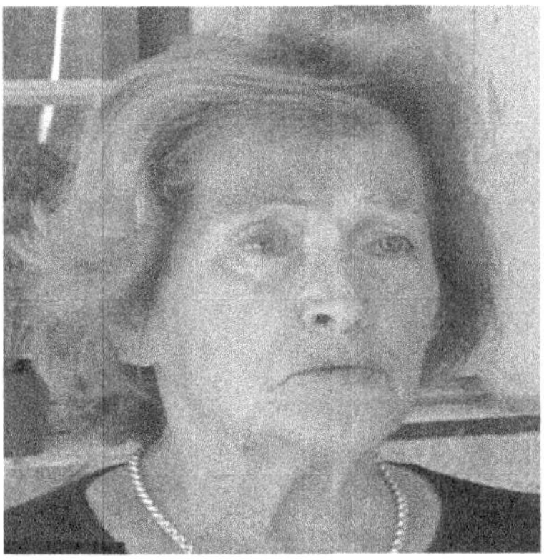

The speaker describes her Provençal house. Her husband can be heard in the background echoing her comments.

Nous, nous avons une maison provençale, avec le plafond que vous avez vu, qui est **typiquement** provençal.... **Ben,** oui ben, une maison qui doit... qui doit avoir deux cents ans et qui a été faite **sûrement de bric et de brac** avec des, avec **des pierres de récupération** du château sûrement, parce qu'il a une **fleur de lis,** que vous verrez **tout à l'heure.** Et puis le plafond provençal, c'est le plafond avec les, les poutres et le, et le plafond et le plâtre au même niveau, alors que dans, qu'en **province** les poutres descendent, vous voyez, sont plus basses que le plafond.

Notes

typiquement; sûrement	Adverbs normally precede adjectives that follow verbs directly.
Ben	An interjection equivalent to the English "well"; "ben" is a familiar form of "bien."

de bric et de brac	by hook or by crook
des pierres de récupération	This house—which, like that of the preceding segment, is near a château—was probably made in part from stones taken from other houses or even from the château.
fleur de lis	A symbol of the French royalty used in heraldry. At least one stone in this house is decorated with a fleur-de-lis, which suggests that the stone came from the château.
tout à l'heure	in a little while
province	The speaker refers to all the other non-Parisian regions of France except Provence.

Sujets de discussion

1. Décrivez l'extérieur de cette maison provençale, c'est-à-dire, son toit, sa forme, ses couleurs, son jardin.
2. Décrivez le plafond provençal.

CHAPITRE 4

Le Travail (1)

SEGMENT 1 • Contrasts between the "imparfait" and the "passé composé"

TIME: 00:14:12

The speaker discusses his present work as the owner of a consignment store as well as his past career as a real estate broker in Paris.

Et bien, actuellement, je m'occupe d'**un depot-vente** de... de meubles, d'objets. C'est-à-dire qu'on vend des meubles, les objets que les gens nous apportent, et on les rembourse en gardant une commission pour le magasin. Donc, on a un magasin qui fait 1200 (douze cents) mètres carrés dans lequel il y a beaucoup de meubles anciens, modernes, **des bibelots,** de la vaisselle, des machines à laver, des téléviseurs, tout ce qu'on peut trouver dans... dans une maison. Mais avant—**j'ai pas toujours** fait ce métier—et avant **j'achetais, je vendais** des **immeubles** pour le compte d'une grande banque française. Et puis à un moment, **j'ai eu envie** de changer, de faire quelque chose qui m'amusait plus.

Notes

un dépot-vente	a consignment store, in this case for all manner of household objects, from furniture and appliances to dishes
des bibelots	knick-knacks
j'ai pas toujours	"je **n**'ai pas toujours"
j'achetais, je vendais; j'ai eu envie	The imperfect tense denotes habitual action in the past, whereas the "passé composé" "j'ai eu" has the force of an action (for example, "I experienced the desire").
immeubles	large apartment or office buildings

Sujet de discussion

1. Y a-t-il des ressemblances entre les deux métiers de ce monsieur ?

SEGMENT 2 • **Professions**
TIME: 00:15:02

The speaker explains how he came to be a policeman and the duties performed by two types of French police.

Et **bé,** j'ai fait trente-deux ans dans la police nationale française. C'est-à-dire, j'ai commencé ma carrière à Paris, et je **l'ai finie** ici à Avignon, à côté de **Barbentane.** Pendant trente-deux ans, j'ai fait ma carrière de policier. J'ai choisi ce métier parce que ça me plaisait. Puis j'avais un beau-frère qui était dans la police un peu par, par ses.... Vous savez, la famille qui est déjà dans ce métier-là... qu'**on finit par rentrer** dans **un autre métier**. J'étais... **mon père était fonctionnaire** aussi. **Il était militaire** de carrière, mon père. Donc, vous savez, on reste des fonctionnaires, puisque nous sommes une famille de fonctionnaires. Donc j'ai eu des frères qui étaient **fonctionnaires**. Et voilà, [c'est] comme ça que je suis venu dans la fonction policière.

... La police nationale, nous, c'est-à-dire, nous sommes de la police, disons que nous **faisons l'urbaine**, la police urbaine. C'est-à-dire que nous sommes, simplement, nous, en ville, les grosses villes. Tandis qu'en province, dans les petits, dans les petites villes, ou **quoi,** c'est la gendarmerie qui procède, qui fait, la... la, ce qu'on fait, nous, en ville. Nous, hors de la ville, on n'a pas de droit.

Notes

bé	a familiar form of "bien" often found in combination with "bon," as in "bon, bé"
finie	The past participle agrees with "ma carrière."
Barbentane	a village of three thousand inhabitants near Avignon dating from the Middle Ages
on finit par rentrer	you end up going into
un autre métier	The speaker means that sometimes when many family members are in a profession one chooses a different profession. He decided to become a policeman not because he had other family members in the police force but, more important, because he liked the work.
mon père était fonctionnaire; Il était militaire	The name of a profession can be used without an indefinite article after "être."
fonctionnaires	In the civil service. Twenty-five percent of working French people are "fonctionnaires," or government workers.
Nous faisons l'urbaine	We constitute the urban police force.
quoi	an interjection without a real meaning

Sujets de discussion

1. Pourquoi ce monsieur est-il devenu policier ?
2. Quelle est la différence entre la police nationale et la gendarmerie ?
3. Relevez des exemples de l'accent méridional de ce monsieur. Notez surtout la pronunciation de "e" muet à la fin des mots.

Segment 3 • The partitive

TIME: 00:16:13

The speaker, a seamstress, describes the pleasures of a job that combines crafts and entrepreneurship.

Alors, mon métier, bé, je l'aime beaucoup. Je fais beaucoup **de petits trucs,** de petits motifs provençaux. C'est-à-dire, **des pochettes,** des étuis à lunettes, des nappes, des chemises, des nappes avec les **bordures à dessein.** Qu'est-ce que je fais aussi? Des sacs, des serviettes de toilette décorées, et puis des petites robes, **du vêtement,** du vêtement d'enfant.... Oui, travailler avec les mains, c'est, c'est agréable. Je fais aussi du crochet, de **l'artisanat** simplement.

Notes

Both this woman and her husband, the preceding speaker, have southern French accents. They pronounce the mute "e" at the end of words, and in their nasal vowels, such as "en" and "ain," they often pronounce the "n."

de petits trucs	"Des" changes to "de" before most plural adjectives that precede the noun. "Trucs" is best translated by "things." The speaker blushes because she senses that "truc" is too informal a word for an interview.
des pochettes	Holders. Note also the consistent use of the partitive, which translates as "some."
bordures à dessein	decorated hems
du vêtement	Clothing. The partitive "du" conveys the idea of "in general."
l'artisanat	handcraft

Sujets de discussion

1. Le travail de cette dame est-il varié ou monotone ?
2. Qu'aime-t-elle dans son travail ?

SEGMENT 4 • **The plural of nouns ending in "-al"**
TIME: 00:17:03

While reflecting on his career in metallurgy, the speaker remembers with fondness not only his job but also the cultural contacts it afforded.

Bon, alors, j'étais spécialiste en transformation à chaud et à froid **des métaux ferreux et non-ferreux....** J'ai beaucoup voyagé. J'ai pratiqué pas mal, plusieurs langues, mais surtout l'anglais, bien sûr. Et puis, j'ai connu beaucoup de gens. C'était vraiment très int... une expérience très intéressante.

Notes

des métaux ferreux et non-ferreux — Because of its numerous mountainous areas, which provide a great variety of metals and minerals, France has been a world leader in metallurgy since prehistoric times. The plural of many nouns ending in "-al," such as "metal," is "-aux."

Sujet de discussion

1. Qu'est-ce que ce monsieur, qui a travaillé dans le domaine industriel, a le plus apprécié dans son travail ?

SEGMENT 5 • **Relative and demonstrative pronouns**
TIME: 00:17:31

The speaker raises ducks for the production of pâté de foie gras in the Sarthe region.

Notre métier, notre métier principal, donc, c'est le, l'élevage et la transformation du canard pour faire des foies gras et tous les produits dérivés, les **confits** et puis les **terrines,** les pâtés, et **tout ce qui** l'ensuit, quoi. Mais c'est surtout la partie de, on part du **canneton** d'un jour, c'est-à-dire de la naissance jusqu'à la sortie **en conserve** ou en semi-conserve, ou en détail, parce qu'**on fait aussi beaucoup de détail sur le marché,** parce que c'est, disons, ce n'est pas une usine, c'est la ferme. C'est un produit de ferme. **C'est pas** un produit qui est standardisé, **ni rien**. C'est un produit vraiment élaboré à une méthode à nous, **qui est peut-être** pas **celle** de **ceux qui** en font ou dans **le Gers** ou peut-être dans **d'autres départements.** Attention! C'est très limité à notre production à nous, et à notre **savoir-faire** à nous. Je suis quand même un ancien qui fait de la, comment dire, qui ai fait de la charcuterie et puis des produits de bases naturelles... **on est très nature** et on a eu des résultats avec des produits-nature. On, on les respecte et disons que, quand on élève les canards chez nous, ça se voit.

Notes

confits	preserved meats
terrines	layered, cooked meat pâtés
tout ce qui	everything that
canneton	duckling
en conserve	canned
on fait aussi beaucoup de détail	retail sales
sur le marché	sold at open-air markets or at local markets
C'est pas	"Ce **n**'est pas"
ni rien	not at all
qui est peut-être	"qui **n**'est peut-être"
celle	that of (the method of)
ceux qui	those who (those other producers of foie gras)
le Gers	a region in southwest France, where foie gras is also made
d'autres départements	the other administrative divisions of France
savoir-faire	know-how
on est très nature	We believe in natural products.

Sujets de discussion

1. Imaginez la vie de tous les jours de ce fabriquant de foie gras.
2. Quels sont les produits de canard développés par ce fabriquant ?
3. Quelles sont ses opinions quant à la nourriture ?

CHAPITRE 5

Le Travail (2)

SEGMENT 1 • **The varied meanings of "on"**
TIME: 00:19:00

The young French grocer of Tunisian origins explains the advantages of his work and his role in the community.

Je suis **commerçant-épicier.** Puis, j'aime bien ce métier parce que, parce que j'ai le contact avec les gens et tout ça. Et puis, je ne sais pas, **on discute** beaucoup, on parle beaucoup. Et puis, on se sent utile en fait. Et puis, ça a **plein d'avantages.** Gagner bien ma vie. Ça va, et puis, et puis ça va. Ce qu'il y a, le seul problème, c'est qu'**on fait beaucoup d'heures.** Et voilà, c'est ça....

Ça dépend des mois, en fait. Il y a des mois, ça va, **on gagne** bien notre vie. C'est-à-dire, on travaille bien, c'est-à-dire, c'est plutôt l'été. Parce que le, je ne sais pas, il y a les fruits rouges et les trucs comme ça, les glaces, les boissons. Puis, en général, on travaille mieux l'été que l'hiver ou l'automne, en fait. Et puis, non, ça va, ça va....

Ma clientèle, la plupart, **c'est des gens** qui habitent le coin, en fait. C'est des gens qui habitent à côté, tout ça, et puis beaucoup **de passages.** Et puis, mais plutôt les gens qui habitent le coin, tous ceux qui m'entourent, autour du magasin, ils viennent tous faire leurs courses ici. Et voilà, **quoi.** Et puis, on a ceux qui, quand ils rentrent chez eux, tant qu'il oublient un truc, ils s'arrêtent, et voilà, quoi. Ceux qui, **ils ont pas envie** d'aller dans une grande surface pour faire la queue, pour acheter quoi que ce soit, ils viennent ici **vite fait.**

Notes

commerçant-épicier	"Commerçant" is used for any small shop owner. "Épicier" is the equivalent of corner grocer.
on discute	Here "on" has the sense of "one."
plein d'avantages	a common colloquial form of "beaucoup"
on fait beaucoup d'heures	The hours spent working are long. This is a colloquial expression.
on gagne	Here, "on" clearly means "nous."
c'est des gens	The grammatically correct form is "ce sont des gens." However, the singular verb "c'est" is often used with a plural noun in conversation.
des passages	people passing through; travelers
ils ont pas envie	"ils **n**'ont pas envie"
quoi	an interjection without a real meaning
vite fait	without wasting time

Sujets de discussion

1. Quels sont les avantages et les inconvénients de la vie d'un petit commerçant en France ?
2. Pourquoi l'épicerie a-t-elle survécu en France tandis qu'elle a plutôt disparu aux Etats-Unis ?

SEGMENT 2 • The relative pronoun "ce qui"

TIME: 00:20:11

The speaker is an independent producer and marketer of fruits and vegetables in the south of France. As he explains, the cultivation of fresh produce is a year-round activity.

Or, la vie d'un producteur est rythmée surtout par les saisons, enfin, surtout un producteur de **maraîcher,** c'est-à-dire avec des temps assez forts l'été parce que, **bon, bé, la cueillette** y est plus abondante. Ou il y a le marché, les livraisons, **ce qui** absorbe beaucoup de notre temps. Parce qu'il faut savoir que **le...** culture de tomates **sous serre** se déroule sur sept mois de l'année, c'est-à-dire **une mise en place** vers le dix à quinze mars pour se terminer fin septembre. Alors, parallèlement à la cueillette, qui dure quatre mois, il y a toujours l'entretien, les traitements, l'arrosage, enfin **tout ce qui** est inhérent à la culture, bien entendu. Après, donc, après les cultures de printemps-été viennent les cultures de... automne-hiver, c'est-à-dire la mise en place de salades, toutes salades **confondues**—des rouges, des blondes, dans toutes variétés—**batavia, lollo rossa, laitue.** Ça, ça se situe aux alentours du quinze au vingt septembre. Et ça, et après il va y avoir **une récolte** vers le trente... trente novembre jusqu'à Noël. Et après, vers le trente novembre, nous mettons en place les salades de... sous serre pour la période hivernale, avec une récolte qui va commencer fin janvier jusqu'**à la mi-mars.**

Notes

This speaker has a southern French accent associated with the region of Marseilles. It is lyrical and extends the final syllables of words.

maraîcher	Truck-farmer. This farmer must not only grow the crops but also sell them to fruit and vegetable distributors.
bon, bé	"Bé" is a familiar form of "bien" that is often found in combination with "bon."
la cueillette	the picking of the fruit
ce qui	This indefinite relative pronoun probably translates best as "all of which" before mentioned activities.
le	The correct article is "la," for example, "la culture." It would be very strange for a French person to make a mistake of gender, so the use of "le" indicates that the speaker originally intended to use a different word.

sous serre	These tomatoes are grown in hothouses.
une mise en place	planting
tout ce qui	everything that
confondues	Many varieties of lettuce are planted together.
batavia, lollo rossa, laitue	varieties of lettuce
une récolte	harvest
à la mi-mars	in mid-March

Sujets de discussion

1. Imaginez la vie de tous les jours de ce producteur.
2. Pourquoi le producteur dit-il que sa vie est rythmée selon les saisons ?

SEGMENT 3 • Acronyms

TIME: 00:21:41

The speaker is an engineer with an international technology company.

Oui, donc, **aujourd'hui** je travaille pour une grosse **société** canadienne, qui est une société qui est spécialisée dans les télécommunications, donc, et moi je travaille dans une division en France qui s'occupe de développer, de créer toutes les infrastructures pour **les réseaux sans fil.** Et **au sein de** cette société, je travaille dans un... dans une équipe qui fait du développement. Donc, nous développons, nous réalisons les nouveaux équipements qui vont permettre à ces réseaux de voir le jour. Et notamment, en ce moment, nous travaillons sur ce qu'on appelle **l'UMTS,** qui est une nouvelle technologie qui **va-[t]-être** implantée bientôt et qui va révolutionner **un peu** le monde de télécommunications sans fil.

Notes

aujourd'hui	"actuellement"; now
société	a company
les réseaux sans fil	wireless networks
au sein de	within
l'UMTS	"Sigles," or acronyms, are commonly used in contemporary French.
va-[t]-être	This is a false liaison, which the speaker uses to avoid pronouncing two vowels together. The correct form is "va être."
un peu	This is an example of the famous French penchant for understatement.

Sujets de discussion

1. Expliquez le travail de ce jeune ingénieur.
2. Qu'est-ce qu'il veut dire par « travailler en équipe » ?

SEGMENT 4 • **The use of "depuis" with the present and past tenses**
TIME: 00:22:23

The speaker describes her work as a flight attendant.

Je travaille pour United Airlines. Donc, je suis hôtesse de l'air **depuis huit ans.** Le temps passe! Et bé, c'est un métier que j'ai toujours voulu faire, que, j'en avais envie déjà **depuis petite.** Et puis, **ça s'est réalisé.** Donc, **ben,** je suis toujours aussi heureuse que depuis que j'ai commencé, ça me plaît toujours autant. Et, le métier en lui-même, c'est un métier qui me plaît parce que je rencontre beaucoup de gens. Je fais des choses diverses. **C'est pas toujours** la même chose. Et, bon, il y a des choses qui sont assez répétitives quand même, pour servir **les plateaux,** pour servir à boire, mais **on ne fait pas que ça** aussi. Il y a tout le côté sécurité. Il faut pouvoir s'occuper lorsqu'il y a quelqu'un de malade. Un million de choses à faire dans un avion puisqu'on va représenter un petit peu... être infirmière, agent de l'ordre, serveuse. Il y a beaucoup d'aspects.

Notes

depuis huit ans	For eight years; normally, the present tense is used with "depuis" and an indication of time to

	express an action begun in the past and continuing into the present.
depuis petite	since I was a little girl
ça s'est réalisé	my wishes came true
ben	An interjection equivalent to the English "well"; "ben is a familiar form of "bien."
C'est pas toujours	"Ce **n**'est pas toujours"
les plateaux	meal trays
on ne fait pas que ça	That's not all we do.

Sujet de discussion

1. Que fait une hôtesse de l'air pendant un vol ?

SEGMENT 5 • The verbs "rentrer" and "retourner"

TIME: 00:23:23

Through a sign language interpreter, this deaf actor traces his involvement with the French theater for the deaf.

J'étais en classe avec une fille qui s'appelait Emmanuelle. Et elle est allée à un théâtre des sourds pour apprendre les signes. Et il y avait un **atelier** d'enfants. Il y avait un Amércain, en fait, qui nous a enseigné le théâtre pendant deux ans, et, évidemment, quand je suis allé **en province, quand j'étais renvoyé de l'école,** j'avais très peu de contact avec le théâtre des sourds à Paris. Mais, **en retournant** à Paris, je voulais rentrer encore dans le théâtre des sourds. Et à l'âge de vingt et un ans, **je suis rentré** pour m'inscrire dans un atelier de théâtre, et je trouvais que j'aimais beaucoup le théâtre. Alors, je continuais à travailler dans **la comptabilité,** lundi jusqu'à vendredi. Je faisais semblant d'être malade. Je prenais des jours de maladie, des congés de maladie pour **répéter** le théâtre. Et, il nous est arrivé d'aller à **un festival de théâtre à Avignon** avec la pièce. Et **j'avais plus** de jours de congé de maladie, et il fallait choisir entre le théâtre et le travail de tous les jours. **J'ai terminé mon diplôme** quand même, mais j'ai décidé de continuer ma carrière de théâtre.

Notes

This segment features a deaf man from Paris and his interpreter. The deaf man is using Langue des Signes Française (LSF). Statistics show that the average rate of deafness is one per thousand, so out of a population of more than fifty-nine million French people, approximately sixty thousand are deaf. LSF is widely used among the French deaf community, which is represented in every major city in France. There are also deaf communities and sign languages in most of the countries in which French is spoken, such as LSQ (Langue des Signes Québécoise), Moroccan Sign Language, and Algerian Sign Language, which are distinct from LSF. The voice you hear is the voice of the interpreter, the man on the right of the screen. He watches the deaf man and interprets what he is signing into spoken French. Sign language is not universal: although historically related to American Sign Language (ASL), LSF is a separate language and is very different from such other sign languages as British Sign Language (BSL) or Italian Sign Language (LIS), to name just two.

atelier	workshop
en province	outside Paris
quand j'étais renvoyé de l'école	when I was kicked out of school

en retournant	When I went back. "Retourner" is used to indicate a return to a place where one was before.
je suis rentré	I went home [that is, back to Paris]. The most common meanings of "rentrer" are "to go home" or "to go into."
la comptabilité	accounting
répéter	rehearse
un festival de théâtre à Avignon	perhaps the most famous theater festival in France, held in the summer
j'avais plus	"je **n**'avais plus"
J'ai terminé mon diplôme	I finished my business degree.

Sujets de discussion

1. Comment ce monsieur s'est-il intéressé au théâtre des sourds ?
2. Quels sacrifices a-t-il dû faire pour poursuivre cette carrière ?

CHAPITRE 6

Les Loisirs

SEGMENT 1 • **"Faire du sport"**
TIME: 00:25:48

This young man's leisure occupations are quite similar to those of many young Americans.

Au fait, **ben,** j'aime le sport. Déjà, et ben, je crois, c'est, c'est très sympathique, **quoi.** Je **fais** régulièrement **des sports** collectifs, en fait, donc, **des sports de ballon : basket, foot, hand.** Et ça dépend, en fait. A côté de ça, donc, dans les loisirs, et ben j'aime **sortir.** J'aime aller à Paris, **entre potes,** à la discothèque. Évidemment, les amis, quoi. Vous comprenez. Et voilà.

Notes

ben	An interjection equivalent to the English "well"; "ben is a familiar form of "bien."
quoi	an interjection without a real meaning
fais… des sports	"faire du sport": to play sports
des sports de ballon	sports involving balls
basket, foot, hand	basketball, soccer, handball
sortir	go out at night
entre potes	among pals

Sujets de discussion

1. Qu'est-ce que ce jeune Français aime dans le sport ?
2. En quoi le sport est-il consistant avec ses autres loisirs ?

SEGMENT 2 • Agreement of the past participle with a preceding direct object

TIME: 00:26:15

The French interest in gardening began in the seventeenth century and continues into the present, as our speaker indicates.

Alors, le temps libre, pendant vingt-trois ans, j'en ai eu assez peu, à part les petites vacances scolaires que j'ai beaucoup **passées** en Normandie chez ma mère, avec ma fille et puis ses cousins. Et, sinon, je jardine **énormément.** Dès que j'ai un petit moment, donc. Le jardin fait à peu près 350 (trois cent cinquante) mètres carrés, je crois. Et donc, dès que j'ai un instant, je viens jardiner. Alors, comme c'est un petit jardin, il faut que ça soit très **soigné.** Donc, il faudrait y passer sans doute encore beaucoup plus de temps. Mais, bon, il faut quand même aller travailler, s'occuper de la maison, du mari, et d'**Anna.** Donc, je n'y passe pas autant de temps que je voudrais. Mais, si j'avais encore plus de loisir, je crois que j'y consacrerai encore plus de temps.

Notes

passées — The past participle agrees in gender and number with the preceding relative pronoun "que," which takes the number and gender (feminine plural) of its antecedent, "les vacances."

énormément	the irregular adverb of the adjective "énorme"
soigné	manicured
Anna	her daughter's name

Sujet de discussion

1. Etant donné sa vie occupée, pourquoi cette dame trouve-t-elle tant de plaisir à jardiner ?

SEGMENT 3 • **Agreement of the past participle with a verb conjugated with "être"**
TIME: 00:26:57

The speaker describes her earlier travels and cultural experiences.

Mais, j'aimais beaucoup voyager, et **je suis allée** aux Etats-Unis. Je, j'aimais bien découvrir les différentes cultures, différentes façons de vivre. J'étais **très intéressée** par ça. Donc, je suis aussi allée en Amérique du Sud, en Argentine et en Bolivie, pendant deux mois, et pour vivre dans les familles. Je trouve très intéressant quand on voyage, plus que d'aller voir les musées—bon, certains aiment ça. Mais moi, je préfère vivre dans les familles et comprendre la vie des gens, pourquoi, pourquoi ils vivent de cette façon, pourquoi on s'interroge d'une... de cette manière-là. Et ça ouvre encore plus l'esprit et ouvre la tolérance **que je crois qui est très important** dans, dans la vie de tous les jours.

Notes

je suis allée	The past participle of verbs of motion conjugated with "être" in the past composed tenses agrees with the subject, which, in this case, is feminine.
très intéressée	The past participle of the verb "intéresser" is used as an adjective and thus agrees with the feminine subject.
que je crois qui est très important	"Qui" is used in the sense of "ce qui" and refers to the entire preceding thought.

Sujets de discussion

1. Comment cette femme aime-t-elle voyager ?
2. A son avis, quel est le but du voyage ?

SEGMENT 4 • **"En cours de"**
TIME 00:27:48

This young father and teacher has little free time.

Alors, on a deux enfants. Donc, on a peu de temps de loisir. On a la maison qui est **en cours de rénovation,** quoi. Donc, ça, c'est peu de temps pour le loisir. Le seul loisir que j'ai, c'est faire un petit peu de sport. Je fais du badminton et du football **en salle** avec, avec mes élèves.

Notes

en cours de rénovation	in the midst of being remodeled
en salle	inside

Sujets de discussion

1. Comment le mariage et les enfants changent-ils la vie ?
2. Comparez ce jeune homme à celui de la première interview de ce chapitre.

SEGMENT 5 • **"La journée"**
TIME 00:28:10

Retirement brings new pleasures but also new challenges. How does one fill free time? Is free time a burden?

Alors, là, pas du tout. J'ai des aides... beaucoup d'activités. Je m'occupe de mon jardin. Je fais partie d'une chorale Je fais partie d'**une amicale.** On fait partie de **l'entre-aide** et je joue **aux boules.** Alors, c'est, vous savez, **mes journées** sont bien remplies, et le temps passe agréablement. Et j'ai mes enfants, mes petits enfants, et tout ce qu'il faut pour profiter de cette retraite le plus longtemps possible. **C'est ça le... le hic.** C'est d'y arriver le plus longtemps possible.

Notes

une amicale	a friendship organization that plans such activities as dinners, trips, and cultural excursions
l'entre-aide	a support organization for community members experiencing sickness or death
aux boules	pétanque, the sport of Provence

mes journées — This feminine form of "jour" stresses the duration of time, that is, the whole days. There are similar forms for "an," ("année"), "soir" ("soirée"), and "matin" ("matinée").

C'est ça le... le hic — There's the rub!

Sujet de discussion

1. Entre quelles activités ce monsieur à la retraite partage-t-il son temps ?

CHAPITRE 7

Le Sport

SEGMENT 1 • Collective numbers

TIME: 00:29:02

For the French, walking is a type of sport that can be practiced daily without special equipment.

Le sport, heu, mais je marche déjà tous les jours avec mon chien. C'est quand même du sport parce que si on marche, on fait quatre ou cinq kilomètres par jour. J'ai calculé que dans la... dans la vie du chien, ça représentait à peu près 12.000 (**douze mille**) kilomètres, ce qui était quand même beaucoup pour le chien et pour moi. Sinon, je **joue** assez souvent **au golf,** qui est également un sport de marche. Et si je rajoute les kilomètres du golf plus les kilomètres du chien, ça fait pas mal **de milliers** de kilomètres.

Notes

douze mille	The word "mille" is never pluralized.
joue… au golf	To play a specific sport, use the expression "jouer à" and the name of the sport, For example: "jouer au football." The expression "faire du" plus the sport (for example, "faire du golf") is also acceptable.
de milliers	"millier": about a thousand. Several other numbers in French have collective forms, for example: "cent" = "une centaine" (about a hundred), and "dix" = "une dizaine" (about ten).

Sujets de discussion

1. Calculez combien de *miles* ce monsieur a marché. N'oubliez pas que 1 kilomètre = 0,6 *miles*.
2. Quels sont les avantages de la marche sur d'autres sports ?

SEGMENT 2 • **Reflexive verbs used to avoid the passive voice**
TIME: 00:29:41

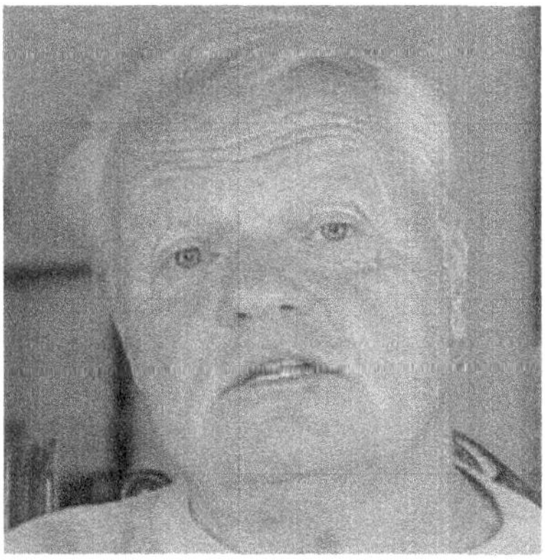

The retired police officer gives a demonstration of pétanque, a game played throughout the French Mediterranean region.

Ça, c'est notre jeu provençal. Là, on peut dire, c'est vraiment le jeu provençal, **la pétanque, qui se joue** un peu de partout. Mais enfin, au départ, c'est chez nous. Ça s'est fait en France, je crois, **dans le Midi** de la France. C'est surtout ça. Maintenant, ça se joue dans le nord. Ça se joue à Paris. Mais **alors, ça se jouait pas ça.** Au début, la pétanque, c'est de chez nous. Alors **ça se consiste par jouer avec... par...** avec trois **boules, un cochonnet,** et par équipe de deux joueurs, par équipe de trois joueurs, ou par équipe mixte, c'est-à-dire deux hommes et une femme. Parce que, en Provence, les femmes, **pas mal** de femmes, jouent aux boules, jouent aux boules. C'est un jeu que les femmes apprécient aussi.... Le cochonnet est lancé par **le pointeur.** Et, après, il faut rapprocher la boule le plus près possible du cochonnet pour marquer les points, **qu'on appelle.** Si, maintenant, la boule est près et que d'autres... l'autre pointeur de l'équipe adverse ne peut pas approcher sa boule assez près, vous avez un qui tire, c'est-à-dire pour dégager la boule près du cochonnet, pour faire le point de son, de... de... de son co-équipier. Et on joue les parties en treize. C'est-à-dire, quand le premier... **la première équipe arrive à treize,** a gagné la partie.

Notes

la pétanque	There are similar games in Italy and England; all may date from Roman times.
qui se joue	It is played. When no agent is mentioned and the subject is not a person, the French language uses a reflexive verb form rather than a passive construction. There is an example of a true passive voice later in this interview: "Le cochonnet est lancé par le pointeur."
dans le Midi	in the south of France
alors, ça se jouait pas ça	"Alors" = in the past. "Ça se jouait pas" = "Ça **ne** se jouait pas."
ça se consiste par jouer avec	the game consists of playing with
par	The speaker hesitates and almost repeats the expression "par jouer" before returning to "avec."
boules	small metal balls
un cochonnet	the jack, a very small green ball
pas mal	a common French understatement meaning "a lot of"
le pointeur	the player trying to score
qu'on appelle	as we say
la première équipe arrive à treize	The first team to get thirteen points wins the game.

Sujets de discussion

1. A votre avis, la pétanque est-ce un sport difficile à jouer ? Pourquoi ou pourquoi pas ?
2. Essayez d'expliquer un sport typiquement américain, tel que le baseball ou le football américain, en utilisant le vocabulaire de cette interview.

SEGMENT 3 • "Au travers"

TIME: 00:31:10

This young teacher, who places a great deal of importance on team sports, describes his athletic formation.

Je pense qu'**au travers** le sport, on **véhicule** des tas de valeurs de tous les jours, de citoyenneté, de respect des règles. Enfin, bref, je pense qu'au travers le sport... on peut tout attacher au sport.... J'ai **un cursus** très généraliste parce que **je suis venu du football** comme beaucoup d'enfants. **On nous met au foot** parce que sur la cour des écoles, on joue au foot. C'est ce qu'il y a de plus facile à jouer. Un ballon, et on joue au foot. Et puis, plus tard, **ben il s'avérait** que, des fois, le foot, ça a des inconvénients. Il faut être **en plein air.** Il faut accepter des fois quand il fait froid, et des fois il fait froid. Donc, le... j'ai... **on a monté** un petit... on a monté une petite équipe pour... au travers des associations. Nous, on a beaucoup d'associations, et ces associations sportives sont multiples et nous permettent de changer rapidement et d'**aller à toutes les disciplines.** Et puis, **j'ai goûté à la pratique du basket.**

Notes

au travers	Through. This preposition of place also has the figurative meaning of "by means of."
véhicule	"véhiculer": to convey
un cursus	A program of study. The speaker uses this word figuratively, in the sense of "formation" or "education."
je suis venu du football	I started out with soccer.
On nous met au foot	They (in the sense of "our teachers" or "our elders") start us out with soccer.
ben	An interjection equivalent to the English "well"; "ben is a familiar form of "bien."
il s'avérait	I realized, or we realized. This is another use of a reflexive verb used to avoid the passive voice.
en plein air	outside
on a monté	we formed
aller à toutes les disciplines	Through sports clubs, these athletes have access to facilities that allow them to play all types of team sports.
j'ai goûté à la pratique du basket	I had the opportunity to enjoy playing basketball.

Sujets de discussion

1. Quelle est la grande valeur du sport pour ce jeune enseignant ?
2. Pourquoi lui et ses amis ont-ils monté une équipe ?

SEGMENT 4 • **The subjunctive of "être"**
TIME: 00:32:03

This speaker greatly prefers team sports to individual sports.

Alors, le sport, c'est, j'ai **fait** beaucoup **de sport** quand j'étais, **jusqu'à ce que je sois étudiant.** Et ma passion, c'était le volleyball. Donc, j'ai passé de nombreuses années à faire du volley, pendant plus de, plus de dix ans, en competition à un assez haut niveau. Et ce qui était **marrant,** c'est que, du jour au lendemain, quand je suis... **quand je commence** à travailler, en fait, je n'ai plus le temps... **j'ai plus de temps** à consacrer au sport. Donc, j'ai arrêté du jour au lendemain ce qui était ma passion à l'époque. Donc, ça a été remplacé par le travail puisque j'ai retrouvé un certain nombre de satisfactions dans le travail et puis il y a une certaine compétition dans le travail qui est comparable à ce qu'on, à ce qu'on a dans le sport. Et puis, j'ai remplacé par... j'ai essayé un peu de tout. J'ai fait un peu de golf, un peu de vélo, un peu d'activités sportives. Mais, c'est pas vraiment **suivi.** Et ce qui me manque le plus, en fait, c'est un sport... ce que j'aimais bien dans le sport, c'était des sports collectifs et des sports **ludiques.** C'est-à-dire que le sport juste pour l'entretien physique, **ça m'amuse pas.** Aller courir, ça m'amuse pas. Le sport pour moi, il faut que ça soit ludique. Et en ce moment, donc, **j'en fais plus** du tout en ce moment.

Notes

fait... de sport	When "sport" is used in the singular, it has the sense of "athletic activity."
jusqu'à ce que je sois	After the conjunction "jusqu'à ce que," the subjunctive is always used.
étudiant	college student
marrant	odd
quand je commence	Although this verb refers to a past time, it has the sense of a present progressive in English: "Since I started working."
j'ai plus de temps	The speaker has dropped the "ne" of the negation. We know that this is a negative sentence ("I have no more time") because the "s" of "plus" is not pronounced. If the sentence meant the opposite ("I have more time"), he would pronounce the "s" of "plus."
suivi	I never followed through on any of these sports.
ludiques	"ludique": competitive. By this term, the speaker means all aspects of team

	sports, such as competition, team cooperation, and rules.
ça m'amuse pas	"ça **ne** m'amuse pas"
j'en fais plus	"je **n**'en fais plus"

Sujets de discussion

1. Qu'est-ce que ce jeune home a aimé dans le sport pendant sa jeunesse ?
2. Quelles sont les ressemblances entre le sport et le travail, à son avis ?

CHAPITRE 8

Le Cinéma

SEGMENT 1 • The past conditional
TIME: 00:33:23

This young man loves movies but finds it hard to take time from his schedule to see them.

Si, le cinéma a un grand... je dois... là, c'est parce que j'ai un examen. Sinon, **je serais allé voir « Episode II ».** Il y a « Spiderman » aussi que **je vais pas rater.** J'aime beaucoup le cinéma. J'ai d'ailleurs un DVD... j'achète des DVDs souvent à la maison pour **en suivre.**

Notes

Si

Yes. The speaker was asked a negative question, "N'aimez-vous pas le cinéma?" to which he

	responded affirmatively. In this case, "si" is used rather than "oui."
je serais allé voir	I would have gone to see. The past conditional denotes an unrealized possibility in the past.
Episode II	*Star Wars: Episode II—Attack of the Clones*
je vais pas rater	"Je **ne** vais pas rater": I am not going to miss.
en suivre	to keep up with what's going on in movies

SEGMENT 2 • **Placement of adverbs**
TIME: 00:33:46

This young woman prefers French to American movies. We can hear her boyfriend in the background suggesting names of movies and film directors.

Dans le cinéma, j'aime beaucoup le cinéma français. **J'ai beaucoup aimé** « **Bernie** » d'Albert Dupontel et, en general, les œuvres d'Albert Dupontel.

Et puis Jean-Pierre Jeunet aussi, **un réalisateur** que j'aime beaucoup avec, donc, **le fameux « Amélie Poulain » qui a marché,** mais il y en a eu d'autres avant: « Délicatessen », « La Cité des enfants perdus ». Donc, ça, j'ai beaucoup aimé. Et sinon, en général… ah, **les mangas** aussi de Miyazaki, un Japonais. Je suis une grande admiratrice… **qui ont des voix de,** ah, des dessins animés magnifiques. Et, **euh,** je dois avouer que j'ai une culture cinématographique relativement limitée parce que **j'ai pas assez vu** de, de films.

Notes

J'ai beaucoup aimé	The correct placement of frequently used adverbs is before the past participle in a past composed tense, as in this sentence.
Bernie	a film from 1996 directed by and starring Albert Dupontel
un réalisateur	a director
le fameux	The adjective modifies the unstated but understood word "film," which is masculine.
Amélie Poulain	*Le Fabuleux destin d'Amélie Poulain,* an internationally successful film of 2001
qui a marché	which was successful
les mangas	Japanese animated films
qui ont des voix de	The speaker does not complete this thought.
euh	uh
j'ai pas assez vu	"Je **n**'ai pas assez vu"

SEGMENT 3 • **"Être au courant"**
TIME: 00:34:39

This experienced filmgoer has eclectic tastes.

Oui, j'essaie d'**y aller** à peu près une fois par mois. Autrement on loue des vidéocassettes pour pouvoir **être au courant** des... des films.... **Pareil,** j'aime vraiment tout. Je peux très bien aller voir le dernier épisode de « Star Wars » comme je peux aller voir **La Palme d'Or** à Cannes. Ou... vraiment j'aime beaucoup, beaucoup de films—le cinéma français, le cinéma... j'aime beaucoup **Almodovar** et j'aime aussi le cinéma italien et anglais. Donc, j'aime vraiment toutes sortes de films.

Notes

y aller	to go there—that is, "to the movies"
être au courant	to keep up with the latest films
Pareil	the same
La Palme d'Or	the prize awarded to the winner of the Cannes film festival
Almodovar	Pedro Almodovar, a Spanish film maker

Sujets de discussion

1. Comparez la fréquence avec laquelle les Français vont au cinéma avec celle des Américains.
2. Le cinéma est-il plus populaire chez les jeunes Français que chez les Français plus âgés ?
3. Quelle sorte de films les Français aiment-ils, d'après ces trois spectateurs ?

CHAPITRE 9

La Lecture

SEGMENT 1 • The relative pronoun "dont"
TIME: 00:35:27

This speaker prefers historical and philosophical readings.

Ben, je lis beaucoup, surtout des, des livres d'histoire, de philosophie, surtout **histoire et philosophie....** Surtout le, le dix-huitième siècle et puis le vingtième. Un peu le dix-neuvième aussi, **hein....** [*Interviewer:* Et pourquoi ces périodes?] Ben, parce que c'est près de chez nous. Ce sont des choses que... où nous avons été témoins ou **dont** les témoins sont, sont encore **ré...** connus, **quoi.**

Notes

Ben	An interjection equivalent to the English "well"; "ben" is a familiar form of "bien."

histoire et philosophie	There is a tendency in modern spoken French to eliminate the definite article before a noun used in a general sense that has already been mentioned.
hein	an interrogative word that means either "what?" or "Isn't that so?"
dont	The relative pronoun indicating possession. It can be translated as "whose" or "of which."
ré…	The speaker began to say "récents" and then changed to "connus."
quoi	an interjection without a real meaning

Sujets de discussion

1. Pourquoi ce monsieur préfère-t-il lire des ouvrages du dix-huitième ou vingtième siècle ?
2. Que veut-il dire par le terme « témoins » ?

SEGMENT 2 • The partitive with plural adjectives preceding the noun

TIME: 00:36:08

Unlike the preceding speaker, this person reads to expand her knowledge of other cultures.

Alors, mes lectures, elles sont extrêmement différentes parce que j'aime beaucoup de choses. Je lis des romans, oui. Des romans, je suis un peu exigeante **à force de lire.** Donc, je choisis des romans qui, en général, ont **une portée psychologique** mais aussi souvent me, me racontent l'histoire de **d'autres pays,** de **d'autres gens.** J'aime bien découvrir à travers le roman l'histoire et les civilisations différentes.

Notes

à force de lire	By dint of reading. The speaker means that, because she has read so much, she has become more selective in her reading.
une portée psychologique	a psychological bent
d'autres pays; d'autres gens	The partitive article "des" changes to "de" or "d'" before a plural adjective that precedes the noun.

Sujet de discussion

1. Imaginez cette dame dans une librairie. Imaginez les titres de quelques livres qu'elle va acheter.

SEGMENT 3 • The partitive with plural adjectives preceding the noun

TIME: 00:36:43

As with her tastes in films, this speaker is eclectic in her choices of readings.

Euh, je lis en même temps des choses pour moi, c'est-à-dire des, des auteurs contemporains, comme... comment il s'appelle? Ah, je ne peux pas me souvenir de son nom. **J'aime bien,** par exemple, Marguerite **Duras,** mais j'aimerais aussi citer **d'autres noms.** J'aime Philippe Delherbe, qui est un écrivain contemporain, mais j'aime aussi beaucoup le dix-neuvième siècle. J'aime Zola, j'aime Flaubert, j'aime Balzac. Et puis, pour mes élèves, je lis des livres de science fiction, je lis des policiers, je lis un peu de tout, en fait. Je, j'aime, j'aime découvrir toujours **de nouvelles choses,** donc.

Notes

euh	uh
J'aime bien	"aimer bien": to like

Duras	More and more in contemporary French, the "s" at the end of names is pronounced.
d'autres noms; de nouvelles choses	These are examples of "des" changing to "de" or "d' " before a plural adjective.

Sujet de discussion

1. Cette dame lit surtout des romans. Analysez la variété de romans dont elle parle.

SEGMENT 4 • The demonstrative adjective

TIME: 00:37:24

Much of the most important contemporary literature in French is written in Francophone countries such as Haiti. This speaker explains this phenomenon.

Mais, il y a... nous avons pas mal d'auteurs de littérature, de poésie en Haïti, et l'influence française est très élevée. **Ces, ces auteurs-là** ont fait leurs études en France, surtout en **Sorbonne,** ou bien dans **leurs études après,** dans les universités à Paris. Nous avons... j'ai connu **un type** qui s'appelle Jean Pasmos qui a fait ses études à Paris, à la Sorbonne. Il était condisciple de classe de **Léopold Senghor, un Africain aussi,** qui est membre de **l'Académie française,** je crois. Oui. Et donc, il y a beaucoup d'auteurs de la langue française en Haïti.

Notes

Ces, ces auteurs-là	Those authors. The French demonstrative adjective ("ce," "cet," "cette," "ces") can be translated as either "this" or "that." The addition of the suffix "là" indicates distance and, thus, means "that" or "those."
Sorbonne	The original University of Paris, founded in the thirteenth century, located in Paris's Latin Quarter.
leurs études après	graduate studies
un type	a guy
Léopold Senghor	A leader of the Négritude movement, Senghor was an internationally recognized poet and president of Sénégal from 1960 until 1981.
un Africain aussi	that is, a black person, like Haitians
l'Académie française	Founded by Cardinal Richelieu in 1635, the main duties of the forty "immortals" (members for life) are to award literary prizes and protect the French language. Senghor was the first African to be elected to the academy in 1984.

Sujets de discussion

1. Ce monsieur est-il content ou mécontent de la littérature francophone haïtienne ? Expliquez votre réponse.
2. Quels autres pays de la Mer des Caraïbes produisent une littérature francophone ?

SEGMENT 5 • The definite article used in a general sense

TIME: 00:38:08

For this speaker a variety of readings enriches her present life and offers the promise of future pleasures.

De mon moment libre, je lis. Je lis beaucoup. J'aime bien **la lecture,** les romans, **les romans vrais,** les aventures, certains livres de médecine. Voilà.... **Bon, bé,** mon avenir, **je sais pas** trop encore, mais enfin je pense voyager un petit peu, avec, euh, puis m'occuper de **mon garçon** et puis lire. Voilà, aller au cinéma.

Notes

This woman has a strong Marseillais accent, which is lyrical and accentuates the final syllables of words.

la lecture	reading. The definite article gives the sense of "all reading" or "reading in general."
les romans vrais	novels based on true events
Bon, bé	"Bé" is a familiar form of "bien" that is often found in combination with "bon."
je sais pas	"je **ne** sais pas"
mon garçon	my son

Sujets de discussion

1. Imaginez la variété de lectures que fait cette femme et comparez-les aux vôtres.
2. A votre avis, pourquoi aime-t-elle tant la lecture ?

CHAPITRE 10

La Mode

SEGMENT 1 • The imperfect with habitual past actions
TIME: 00:38:51

This speaker describes both clothing fashions and cultural fashions of Paris in the 1950s.

Oui, j'avais un **ensemble** bleu qui était très à la mode, qui était très beau, que j'avais acheté **rue de la Chaussée d'Antin.** Oui, c'est ça. Et voilà. Et cette photo était rue de la Chaussée d'Antin, avec **Michel.** On faisait des courses ; on rentrait. Des photographes, des photographes qui passaient comme ça **à l'époque.** Il y avait moins de photos. On faisait beaucoup moins de photos individuelles. Alors, **il y avait** des photographes dans la rue... qui vous... puis qui vous **donnaient** un ticket. Puis vous **alliez,** vous **alliez** récupérer la photo.

Notes

un ensemble	a suit, an outfit
rue de la Chaussée d'Antin	a commercial street in Paris at the north end of the Right Bank of the Seine
Michel	the speaker's son
à l'époque	then
il y avait; donnaient; alliez	All of these verbs are best expressed in English by "would," for example, "they would give you a ticket."

Sujets de discussion

1. Le terme « à la mode » explique bien l'habillement français. Que veut dire ce terme ? Imaginez pourquoi cette dame a acheté cet ensemble.
2. Expliquez comment cette dame a eu cette photo.

SEGMENT 2 • **The imperfect with habitual past actions**
TIME: 00:39:24

Not all French women are interested in fashion!

La mode vestimentaire? Oui, alors là, la mode, non, ne m'intéresse absolument pas. Je déteste... je déteste aller dans les magasins. **J'y allais** autrefois quand **je travaillais** beaucoup. J'y allais deux fois par an, une fois en début de saison pour le printemps et l'été, une fois à l'automne pour acheter des vêtements d'hiver. Ou, j'allais en gros deux fois par an, et j'étais et ça me suffisait largement. Malheureusement, les magasins où j'allais, notamment **en province, ont disparu,** ce qui fait que, avec le temps, j'ai **de plus en plus** de difficulté, mais comme je travaille moins, finalement j'y vais, quand même, assez peu. Non je ne sais pas que si c'est en... le fait de vieillir que ça m'intéresse **de moins en moins,** mais même étant jeune, ça ne m'a jamais beaucoup **intéressée.** Je remets volontiers les mêmes vêtements tous les jours de la semaine. S'il n'y avait pas de problèmes de propreté, je crois que je remettrais la même chose toute la semaine. Quand j'ai un vêtement qui me plaît, je suis capable de le mettre très longtemps. Voilà, j'attends, et je ne change mes vêtements maintenant que lorsqu'ils sont **usés,** que lorsque je ne peux plus les mettre. Quand je ne peux plus les porter, **là** je me décide à aller dans les magasins. Mais vraiment, c'est **une corvée.** Ça ne m'intéresse absolument pas, et ça ne m'a jamais tellement intéressée, même très jeune.

Notes

J'y allais; je travaillais	These and the following verbs are in the imperfect tense because they indicate habitual actions in the past.
en province	The speaker must have done her shopping outside Paris either when she was on vacation or on weekends.
ont disparu	This verb is in the "passé composé" because the action is considered complete and finished
de plus en plus	more and more
de moins en moins	less and less
intéressée	The past participle agrees with the preceding direct object "me," which is feminine.
usés	worn out
là	then
une corvée	an unpleasant task

Sujet de discussion

1. Pourquoi cette femme n'aime-t-elle pas la mode ?

SEGMENT 3 • **The pronunciation of final consonants**
TIME: 00:40:36

This seamstress describes Provençal cloth, which has become popular throughout France and in the United States. In the third segment of chapter 4, we see this seamstress working with Provençal cloth.

Ah, **ben,** le tissu provençal est surtout fait en coton... en coton, et **c'est** décoré par **les motifs** de la région, les olives, **les pignes de pin....** Le tissu est fait à l'usine de **Saint-Etienne-du-Grès.** Alors, là c'est **du beau provençal.** Puis, vous avez aussi le tissu des **Baux.** C'est tout à fait différent. C'est **un plus haut de gamme.** C'est plus joli comme qualité.

Notes

ben — An interjection equivalent to the English "well"; "ben is a familiar form of "bien."

c'est — "Il" should be used as the pronoun referring to the previously stated noun "le tissu" when the verb "être" is followed by an adjective. However, there is nothing shocking about the use of

	"ce" in this sentence because it is uttered in conversation. The final sentence contains another example of this phenomenon.
les motifs	designs
les pignes de pin	pine cones
Saint-Etienne-du-Grès	A small village near Avignon whose principal industry is the production of Provençal cloth. In contemporary French, the final "s" of names is often pronounced, although there is no hard and fast rule that governs such pronunciation.
du beau provençal	that is, cloth
Baux	Les Baux is a village in Provence best known for bauxite, the ore used to produce aluminum.
un plus haut de gamme	in a higher price range, more expensive

Sujet de discussion

1. La France est très connue pour ses maisons de haute couture, mais ces trois dames ont une conception plus large de la mode. Faites une liste de tous les éléments inclus dans la conception française de la mode.

CHAPITRE II

La Cuisine et le vin

SEGMENT 1 • Relative pronouns

TIME: 00:41:22

French cuisine is renowned for its sauces, and the cuisine of the Anjou region is no exception.

Alors, moi, je... la, la région, vous la traversez un petit peu. C'est une région de rivières. Donc, le poisson **a** forcément **sa côte** dans la cuisine **angevine....** Donc, on retrouve souvent **ces quatre poissons** dans **la gastronomie** angevine, **cuisinés** généralement avec une sauce qu'on appelle le beurre blanc. Le beurre blanc est un... une sauce à base d'échalote cuite dans le vinaigre **auquel** on ajoute du beurre fondu qui doit se, se mêler à cela sans devenir huileux, sans devenir immangeable mais en constituant une sauce très **particulière.**

Notes

a... sa côte	ranks highly, has a high reputation
angevine	of the Anjou region
ces quatre poissons	The speaker previously mentioned four fish found in the Loire, one of which is the Atlantic salmon.
la gastronomie	the cooking; cuisine
cuisinés	cooked or prepared
auquel	To which. "Lequel," "laquelle," "lesquels," and "lesquelles" are the relative pronouns used with prepositions to indicated things rather than people. Here "à" and "lequel" contract to "auquel."
particulière	unusual

Sujets de discussion

1. Qu'est-ce qui caractérise la cuisine angevine, d'après cette dame ?
2. Serait-il difficile de réaliser le beurre blanc ? Pourquoi ?

SEGMENT 2 • **The partitive**
TIME: 00:42:14

Provençal cooking is characterized by the use of fresh vegetables, garlic, and herbs.

La cuisine de cette région? Vous avez la ratatouille provençale qui se fait avec les aubergines, de l'oignon, de l'ail, **de la tomate.** Et on l'assaisonne avec l'ail, **à la fin.** C'est bien salé, poivré. Puis on ajoute du thym, du laurier, et du romarin, qui est **chez nous,** aussi ça. **C'est** des petites herbes provençales.

Notes

de la tomate	tomatoes
à la fin	In this particular recipe, garlic is used twice, first in combination with the other ingredients and again before the dish is served for added flavor.
chez nous	That is, the herb grows naturally in our region.
C'est	"Ce sont"

Sujets de discussion

1. La ratatouille est-elle difficile à préparer ? Pourquoi, ou pourquoi pas ?
2. Considérez les ingrédients de ce plat et essayez de décrire le goût de la ratatouille.

SEGMENT 3 • The retention of the indefinite article after a negation

TIME: 00:42:48

French Canadian cuisine resembles American cooking more than French cuisine.

Oui, alors, je pense que toute personne qui est venue au Québec a entendu parler de ce qui est communément appelé la poutine.... Qui est, si vous voulez, **ce n'est pas un repas. Mais c'est une petite collation.** C'est des frites avec du fromage et une sauce par-dessus. C'est très **spécial. C'est des choses** que je ne mange pas, moi, personnellement.

Notes

ce n'est pas un repas.
Mais c'est une petite collation

Normally, the indefinite article "un" changes to "de" after a negation.

	When the negation is of the verb "être," however, the negation actually distinguishes between two things and the indefinite article remains. Such is the case here. The speaker distinguishes between a meal and a snack: "It is not a meal but rather a little snack."
une... collation	a French Canadian term not used in France
spécial	particular to this region
C'est des choses	"Ce sont des choses"

Sujet de discussion

1. Comparez ce que mangent les Québecois à ce que mangent les Américains.

SEGMENT 4 • **The partitive**
TIME: 00:43:11

Not all French cooks spend their whole day in the kitchen.

Ben, la cuisine la plus facile, les spaghettis, **forcément, quoi.** Non, non, j'essaie de faire un petit peu de tout.... La cuisine, c'est vrai, par exemple, avec de, de la dinde, des tomates, de l'huile, des poivrons, des épices... un petit peu de tout, des desserts. Voilà.

Notes

ben	An interjection equivalent to the English "well"; "ben" is a familiar form of "bien."
forcément	necessarily
quoi	an interjection without a real meaning

Sujets de discussion

1. Qu'y a-t-il de commun entre cette recette et la recette de la ratatouille ?
2. A votre avis, qu'est-ce que les Français apprécient dans la cuisine de tous les jours ?

SEGMENT 5 • **Adverbs**

TIME 00:43:38

Like many French adults, the speaker drinks red wine with his meals every day.

Ben, le, le vin en France, bon, c'est un sujet... c'est sûrement, un vaste sujet. J'aime bien le, le vin, **d'ailleurs, qu'il soit français ou... ou étranger.** On trouve en Italie, en Espagne aussi, de très bons vins, même aux Etats-Unis. Alors, j'ai vécu deux ans dans la région de Bordeaux où, là, bon, j'ai pu apprécier **effectivement** la qualité des vins qu'on y trouve et leur diversité. **Hein,** maintenant comme mes parents sont dans **le Midi,** je vais assez souvent donc en Provence, où, là aussi, on trouve de très bons vins. D'ailleurs le vin que je bois à la maison, je le **fais venir** de Provence. Je le commande tous les mois en Provence.... On boit du vin **régulièrement,** effectivement. Mais les études médicales qui ont démontré que **ça** faisait du bien pour les... pour le cœur, pour, pour les artères, pour les problèmes cardiaques. Et, il y a... j'ai vu **notamment** une étude à la télévision où ils comparaient la ville de Toulouse à la ville de Belfast en Irlande du Nord. Et ils trouvaient que la quantité d'alcool consommée était la même, par les habitants de Belfast et par ceux de Toulouse, mais la façon de le, de le consommer était différente. Et les Irlandais avaient cinq fois **plus de problèmes** cardio-vasculaires que les gens de la région de Toulouse, parce qu'**ils** boivent du vin rouge, alors que dans **le nord,** ils boivent **plus de la bière** ou, ou des alcools forts.

Notes

d'ailleurs	This adverb is frequently used to punctuate remarks and has the sense of "by the way" or "besides." It can occur almost anywhere in the sentence.
qu'il soit français ou… ou étranger	whether it is French or foreign
effectivement	an adverb with the sense of "indeed," "in fact," or even "that's right"
Hein	an interrogative word that means either "what?" or "Isn't that so?"
le Midi	the south of France
fais venir	"faire venir": to have something sent
régulièrement	Longer adverbs, such as this one, often occur at the end of a sentence rather than immediately after the verb.
ça	drinking wine
notamment	In particular. This adverb signals that the idea that follows is worthy of attention.
plus de problèmes	Here "plus" is used as a comparison of quantity.
ils	the inhabitants of the Toulouse region
le nord	in Northern Ireland
plus de la bière	Here "plus" is used as an adverb with the sense of "plutôt" (rather).

Sujets de discussion

1. Quelles régions de France ce monsieur mentionne-t-il pour la diversité du vin français ?
2. Que savez-vous des vins de ces régions ?
3. Quelles conclusions sur le vin peut-on tirer de l'étude médicale citée dans cette interview ?

SEGMENT 6 • The pronoun "on"

TIME: 00:45:26

The speaker explains the great variety of wines for which the Loire Valley is famous.

Ah, le vin, oui. Alors, on est dans une région **vinicole.** On a, on a du vin. On a du rouge, on a du rosé. On a **du vin blanc liquoreux, le Layon.** Or, dans notre région, nous avons un Layon qui est superbe, **le Bonnes Eaux,** qui est très **côté.** C'est un vin qui est très, très apprécié des connaisseurs, qui peut se prendre avec le, le foie gras, très.... On a des très bons vins. Et **on en est fier.** On peut.... **On en boit.** On boit modérément, hein !

Notes

vinicole	wine-producing
du vin blanc liquoreux	A sweet white wine. Only white French wines are sweet.
le Layon	Layon is an area of vineyards in this region. The wine takes its names from the vineyards.
le Bonnes Eaux	"Bonnes Eaux" is the name of a specific Layon wine. The masculine article "le" is used because this is "le vin Bonnes Eaux."
côté	highly appreciated
on en est fier	Here, "en" means "of it."
On en boit	Here, "en" means "some": "We drink some."

Sujets de discussion

1. Pourquoi les connaisseurs du vin aiment-ils la France, à votre avis ?
2. Pourquoi ce monsieur est-il fier des vins de sa région ?

CHAPITRE 12

L'Éducation nationale

SEGMENT 1 • **"Jusqu'à"**
TIME: 00:46:15

The speaker is a preschool and elementary school teacher.

Je suis **institutrice.** Donc, je travaille, j'enseigne aux enfants qui ont de deux ans **jusqu'à** onze ans. **Et chaque année je change de poste.** Cette année, je, j'enseigne à des enfants qui ont cinq ans, et je travaille juste à côté. Donc, je vais à l'école à pied avec mes enfants. Et je commence à **neuf heures jusqu'à midi.** Et on a une pause de deux heures pour manger. Et on recommence de deux heures jusqu'à cinq heures. Donc, l'enseignement pour cette classe concerne les apprentissages de la lecture, et puis la socialisation puisqu'ils sont encore petits. Donc, **on travaillait** pour qu'ils sachent vivre ensemble et puis qu'ils comprennent un petit peu comment on apprend à lire et à s'exprimer.

Notes

institutrice	Elementary school teacher. The masculine form is "instituteur." As of 2002, "instituteurs" are called "professeurs d'école."
jusqu'à	Up to: I work with two-year-olds up to eleven-year-olds.
chaque année je change de poste	I go to a different school, or a different age group, every year. Although all French elementary teachers do not move from school to school every year, such changes are much more common than in American schools.
neuf heures	The "f" of "neuf" is pronounced as "v" with a following vowel or mute "h."
jusqu'à midi	Until noon. The first part of the day goes from 9 A.M. until noon.
on travaillait	Because this interview was conducted at the end of the school year, this teacher uses the imperfect tense to describe the work she was doing daily during the year: "We were working."

Sujets de discussion

1. Quelles sont les différences entre la journée scolaire d'un Français de cinq ans et celle d'un Américain du même âge ?
2. L'école élémentaire en France vous paraît-elle plus ou moins difficile que l'école élémentaire aux Etats-Unis ?

SEGMENT 2 • **"Il s'agit de"**
TIME: 00:47:08

This elementary school teacher deals with older students in a transitional grade.

Donc, moi, je suis enseignant-instituteur en.... Donc, j'ai des enfants de onze-douze ans, et mon but était de les préparer puisqu'on arrive en fin d'année. Mon but était de préparer les enfants à entrer au **collège.** Le, donc, on est à la fin de ce qu'on appelle, nous, les classes élémentaires, et l'aboutissement de ces classes-là, c'est l'arrivée au collège **en sixième jusqu'à la troisième** avant de, après, continuer vers, vers **le lycée.** Donc, **il s'agit de** revoir un petit peu toutes les connaissances acquises entre six ans, depuis l'apprentissage à la lecture jusqu'à, jusqu'à, bon, les, les maîtrises de **l'orthographe, l'écriture,** plus toutes les connaissances aussi de la géographie à l'histoire. Donc, on a un petit survol général de l'an de cet ensemble-là.

Notes

collège	"le collège": middle school. In France this is a four-year program.
en sixième jusqu'à la troisième	Sixth grade through ninth grade. The classes in French

	schools are numbered from higher to lower numbers, the opposite of the American system. "La sixième" corresponds to sixth grade in America. Seventh grade is "la cinquième"; eighth grade, "la quatrième"; and ninth grade, "la troisième."
le lycée	Senior high school. The three years of the "lycée" are "la deuxième" (tenth grade), "la première" (eleventh grade), and "la terminale" (twelfth grade).
il s'agit de	It is a question of. This common expression is difficult to translate. In this sentence it means, approximately, "What we do in this class is . . ."
l'orthographe	spelling
l'écriture	handwriting

Sujets de discussion

1. Quel est le but de l'année scolaire décrite par cet instituteur ?
2. Notez quelques différences entre les sujets étudiés par les Français de onze-douze ans et ceux étudiés par les Américains de ce même âge.

SEGMENT 3 • Acronyms

TIME: 00:47:53

The speaker explains how she became a secondary school teacher.

Alors, je suis enseignante en langue française. Je suis **professeur** de français dans un collège en campagne. J'ai choisi ce travail parce que j'aime beaucoup la langue française. J'aime beaucoup la littérature. Et je travaille en collège parce que je trouve que **les élèves** sont plus, sont plus vivants, ont plus de choses à dire souvent. Il y a un véritable échange, **alors que...** en lycée, j'ai eu l'impression quand j'ai travaillé en lycée que les élèves attendaient, et écoutaient, mais ne communiquaient pas avec moi....

J'ai d'abord eu **le baccalauréat,** donc, dans **une spécialité** littéraire, avec trois langues vivantes—allemand, anglais, espagnol—donc, plus beaucoup de philosophie. Donc, j'étais vraiment spécialisée dans la littérature, enfin dans ce qu'on appelle les matières littéraires. Ensuite, j'ai fait quatre années d'université. Donc, les deux premières années m'ont permis d'acquérir le diplôme qui s'appelle **le DEUG,** un diplôme d'enseignement universitaire général. Ensuite, la troisième année, j'ai obtenu **la licence,** et la quatrième année, j'ai passé **le Concours d'aptitude professionnelle d'enseignement...** pour l'enseignement secondaire, ce qu'on appelle le CAPES, et donc je suis devenue enseignante.

Notes

professeur	The term "professeur" is used for all teachers in secondary schools and universities.
les élèves	"Elève" is the term used for elementary and secondary-school students. "Etudiant" is reserved for university students.
alors que	whereas
le baccalauréat	the national examination that French students must pass at the end of high school in order to go to the university
une spécialité	The equivalent of a "major" in an American university. Even in high school, French students must choose a course of study they will follow in college.
le DEUG	Acronyms, or "sigles," are very popular in French. We find two examples in this interview, "le DEUG" and "le CAPES."
la licence	A university degree equivalent to the American bachelor of arts degree.
le Concours d'Aptitude professionnelle d'enseignement	The CAPES is a competitive examination administered by the French ministry of education. The ministry determines beforehand how many secondary school teachers are needed for the

following year, and only that number of students pass the CAPES. Thus, if ten thousand students take the exam, but only one thousand teachers are needed, then the top one thousand pass and the remaining nine thousand do not receive the CAPES.

Sujets de discussion

1. Pourquoi cette enseignante préfère-t-elle les collégiens aux lycéens ?
2. Trouvez des explications pour le fait que les collégiens sont plus communicatifs que les lycéens.
3. Que faut-il faire, du lycée jusqu'à l'université, pour être professeur de français en France ?

SEGMENT 4 • The superlative of "bon" and "bien"
TIME: 00:49:17

We interviewed these twenty-year-olds in the midst of a month of competitive examinations that will determine to which business schools they will be admitted.

Anna: **Euh, ben,** moi, j'ai donc fait un bac économique et social. Donc, ça c'est **un bac général** dont les matières principales sont l'économie et les maths. Et à l'issue de ce bac général, je suis entrée dans **une classe préparatoire aux grandes écoles** de commerce qui dure pendant deux ans, et c'est en fait une préparation au concours qui **se déroule** en ce moment même pour **une quinzaine,** mettons, d'écoles plus ou moins préstigieuses. Alors, ça va de la première, **HEC,** jusqu'à des écoles un peu plus éloignées en province, par exemple.

Notes

euh	uh
ben	An interjection equivalent to the English "well"; "ben" is a familiar "bien."
un bac général	"Bac" is a shortened form of "baccalauréat." A "bac général" leads to a variety of

	higher education experiences, from business school to advanced degrees in history, economics, or law. A "bac littéraire" leads to a teaching career, whereas a "bac scientifique" leads to a career in science.
une classe préparatoire	A two-year program of general studies, including language study. At the end of this program students take a competitive examination and then enter business school.
aux grandes écoles	Institutions of higher education specializing in business pedagogy, engineering, and so on. These schools are highly prestigious and accept few students; almost all are located in Paris.
se déroule	takes place
une quinzaine	about fifteen
HEC	Haute École de Commerce, the most prestigious of the French business schools

TIME: 00:50:56

Georges: Bon, pour ce qui me concerne, j'ai à peu près le même trajet qu'Anna. C'est-à-dire que j'ai fait, comme tout le monde j'ai suivi **la filière** normale, c'est-à-dire la primaire qui dure cinq ans, le collège qui dure quatre ans, **et après, j'ai passé un bac général.** Euh, je me suis spécialisé en revanche pour mon bac dans l'économie, donc, comme Anna, et d'ailleurs, j'ai pris la filière **prépa** aussi. Alors, la prépa, c'est très **particulier** en France. Ça concerne environ, je dirais, 10.000 (dix mille) élèves. Donc, c'est très peu. C'est environ 1% (un pour cent) de **la population estudiantine.** Et, c'est difficile. Donc, c'est, c'est très complet. Ça demande des matières aussi bien la philosophie que les mathématiques et ça se présente sous forme de concours. Donc, si vous voulez, ça... **l'enjeu est fort** vu que **c'est un concoursé.** Les places sont chères, voyez-vous? Donc, euh, les places sont chères. Donc, en fait, ça nécessite beaucoup d'autre... beaucoup de travail et ça aboutit, en fait, aux écoles de commerce. Donc, on espère être **le mieux** classé pour obtenir l'école **la meilleure** possible....

Notes

la filière	the track
et après, j'ai passé un bac général	The speaker has spent three years in senior high school, which he doesn't mention because he considers senior high school a preparation for the "baccalauréat."
prépa	"préparatoire"
la population estudiantine	the student population
l'enjeu est fort	the stakes are high
c'est un concoursé	This is a course of study that ends with a competitive examination. If the student does not score a grade high enough to obtain a place in a business school, the student has nothing to show for these two years.
le mieux	the superlative of the adverb "bien"
la meilleure	The superlative of "bon." The speaker places the adjective after the noun for emphasis.

Georges: A côté de ça aussi, on peut reprocher au système d'être un peu inégalitaire. C'est-à-dire que les gens qui n'ont pas un environnement familial... disons, favorable à la réussite des études, vous savez....
Anna: Un certain milieu culturel, en fait....

Georges: Oui, un certain milieu culturel.... La difficulté est plus grande, vraiment est beaucoup plus grande. A côté de ça, je pense que tout le monde a tout de même sa chance dans ce système français, même si ça reste un peu élitiste, c'est vrai... c'est... hmmm. C'est-à-dire, il faut se donner les moyens de réussir. C'est évident, **quoi.** Je crois que c'est partout pareil.

Note

quoi — an interjection without a real meaning

Sujets de discussion

1. Expliquez comment on obtient l'entrée dans une école de commerce en France.
2. A votre avis, ce système de concours est-il égalitaire ou inégalitaire ?
3. Qu'est-ce que Georges veut dire quand il conclut qu'il « faut se donner les moyens de réussir » ?

CHAPITRE 13

La Technologie

SEGMENT 1 • Agreement of the past participle

TIME: 00:51:39

For a woman growing up in post–World War II France, the choice of the most important modern invention is clear!

Et, puis, **euh, autre chose** qui est, qui est tout matériel, mais, moi, je trouve qui nous a complètement changé la vie. Quand on a essayé de faire un peu avec mes sœurs **un bilan** à la fin de, **du siècle,** on se demandait, si on devait dire un objet qui a marqué le siècle et qui nous a le plus **impressionnées,** et presque **toutes,** on se retrouvait **autour de** la machine à laver.... Mais je crois que toutes les femmes de la génération précédente et de la mienne ont vraiment... la, la lessive, c'était vraiment, ça prenait un temps de vie incroyable, et le jour où il y a eu la machine à laver, qui a entrainé, bien sûr, le lave-vaisselle et tout **l'électroménager,** ça aussi a fondamentalement changé la vie de femmes, puisqu'**on s'est retrouvées** avec plus de temps pour vivre autre chose.

Notes

euh	uh
autre chose	an indefinite pronoun like "quelque chose" that takes a masculine adjective
un bilan	Literally, a balance sheet. Perhaps best translated as "the state of affairs."
du siècle	the twentieth century
impressionnées	The past participle is in the feminine plural to agree with the direct object, "nous."
toutes	all of us sisters
autour de	in favor of
l'électroménager	household appliances
on s'est retrouvées	Because the "on" refers to women, it is acceptable to make the past participle feminine and plural.

Sujet de discussion

1. Quelle a été l'importance de la machine à laver pour les femmes de la génération de la dame qui parle ?

SEGMENT 2 • **"En" used as an indication of time**

TIME: 00:52:34

This speaker explains the train system in France, which is much more advanced than the American train system.

A Paris, heureusement, qu'il y a des.... Il y a **le métro,** qui est très développé, et très **ancien,** qui permet de, de circuler facilement dans Paris, d'un, d'un bout à l'autre, dans toutes les, toutes les directions, dans tous les, tous les coins de Paris. Sinon, ce serait, en voiture, ça devient de plus en plus difficile, et surtout, en plus pour stationner, c'est, c'est très difficile et ça coûte cher. Donc, on a **un réseau** de métro qui est très développé. On a aussi un bon réseau de, d'autobus. Sinon, les transports en France, j'utilise assez souvent maintenant le, le **Train à Grande Vitesse** pour aller dans le Midi, qui est, qui est très, très pratique, très rapide, puisque, pour faire sept cent cinquante kilomètres, on met moins de, on met **à peine** trois heures maintenant. Je l'ai également utilisé pour aller à Londres par **le tunnel sous la Manche,** où on est **en** trois heures du centre de Paris au centre de Londres également en trois heures.

Notes

le métro	the Paris subway
ancien	The first subway line in Paris opened in 1900.

un réseau	a network
le Train à Grande Vitesse	Le TGV: the first TGV went from Paris to Lyon in 1981. One of world's fastest trains, the TGV reaches speeds of 150 miles per hour.
à peine	hardly
le tunnel sous la Manche	the Chunnel (the tunnel that goes under the English Channel, joining France and England)
en	the time that it takes for something to happen; "from start to finish"

Sujets de discussion

1. Quelle est l'importance du métro pour la ville de Paris ?
2. Qu'est-ce que le TGV ?

SEGMENT 3 • "Par contre"
TIME: 00:53:43

Cell phones are omnipresent in contemporary France.

Eh, **ben,** justement, alors. Le... la plus grosse évolution qu'il y a eue dans ces dernières années, c'est la téléphonie sans fil. Donc, le téléphone portable. Ça, aujourd'hui, chacun a son téléphone portable. **Au sein d'une famille,** tout le monde a son téléphone portable. **Par contre,** l'Internet et l'ordinateur à la maison, **c'est pas** encore quelque chose de très, très développé. Mais ça s'explique principalement parce qu'en France, on a eu très tôt ce qu'on appelle **le Minitel,** qui était un Internet **bas de gamme, entre guillemets,** avec moins de services qu'on a aujourd'hui au travers l'Internet, mais ce qui fait qu'on a pris beaucoup de retard pour développer tout ce qui était, tout ce qui est l'utilisation de l'ordinateur à la maison. Cependant, on est en train de rattraper un peu notre retard dans ces domaines. Par contre, dans le domaine professionnel, l'Internet et l'ordinateur est un outil obligatoire.

Notes

ben	An interjection equivalent to the English "well'; "ben" is a familiar form of "bien."
Au sein d'une famille	within a household

Par contre	On the other hand. This expression is used to make a distinction between the thought expressed in the preceding sentence and the thought that follows.
c'est pas	"Ce **n**'est pas"
le Minitel	Popularized in the 1980s, the Minitel is a machine with a screen and keyboard that resembles a computer. Through the Minitel, a French household can find any phone number in France, as well as news and educational information. It is certainly true that the Minitel has slowed French interest in the Internet.
bas de gamme	low-end
entre guillemets	Quote, unquote; in other words, "supposed"

Sujets de discussion

1. A votre avis, pourquoi le téléphone portable a-t-il eu un si grand succès en France ?
2. Comparez l'emploi de l'ordinateur à la maison et au bureau en France et expliquez les raisons pour cette différence.

SEGMENT 4 • **The sequence of subjunctive tenses**
TIME: 00:54:30

This elementary school teacher uses technology to motivate students—only to find himself challenged by this technology.

Alors, la technologie est apparue un petit peu à mes yeux comme un, comme un moyen, un outil, dans lequel, où, je vous disais, avoir rencontré **des difficultés d'enseignement.** Et c'est vrai, que quand je me suis retrouvé dans une école où les enfants étaient, ou étaient, je dirais, en dehors de la, en dehors de la société, ne se sentaient pas très intéressés, n'avaient pas le goût d'apprendre, **il fallait que je trouve** des solutions pour les aider à apprendre.... La, la difficulté qui s'est posée à moi, c'est que faire entrer la technologie sans la maîtriser, c'est toujours un obstacle. Donc, je, ne **la** connaissant pas, je me suis dit qu'**il va falloir que je m'y mette** un petit peu. Et donc j'ai utilisé **l'outil informatique** outil... tout ce qui **a trait à** la nouvelle technologie. Et donc, j'ai... je me suis... **je me suis formé,** auto-formé, puisqu'**on ne peut pas dire que** là-dessus **l'Education Nationale nous ait** beaucoup **aidés.** Mais on a, donc, on a appris un tout petit peu; j'ai appris **sur le tard.**

Notes

des difficultés d'enseignement — He first became interested in technology when he

	encountered problems with unmotivated students.
il fallait que je trouve; il va falloir que je m'y mette; on ne peut pas dire que… l'Education Nationale nous ait… aidés	In modern French, only the present and past tenses of the subjunctive are used. The present subjunctive is used for all actions that take place at the same time or later than the action expressed by the main verb. The past subjunctive is used for an action that precedes the action of the main verb.
l'outil informatique	a software program
a trait à	is connected to
je me suis formé	I taught myself.
l'Education Nationale	The ministry of education; that is, the government agency responsible for education did little to train teachers in technology.
sur le tard	late in life

Sujets de discussion

1. Pourquoi cet enseignant utilise-t-il la technologie ?
2. Comment a-t-il appris à utiliser l'ordinateur ?

SEGMENT 5 • "Faire faire"

TIME: 00:55:19

This math teacher distinguishes between his use of technology in the classroom and his use of it at home.

Alors, on utilise très peu de technologie. De temps en temps les ordinateurs pour **faire faire** des exercices à des élèves en difficulté. Euh, un petit peu l'outil informatique à l'ordinateur pour **faire construire** des figures, les **faire bouger** de manière à **décoller un petit peu de la feuille.** Mais, euh, assez peu, assez peu d'outils modernes. Juste le compas, la règle, **l'équerre, le rapporteur....** A la maison, oui, j'utilise l'ordinateur, oui. Donc, pour une quantité de choses, pour préparer mes cours, pour faire des invitations, pour aller sur l'Internet, sur le Web. Donc, pour communiquer.

Notes

faire faire; faire construire; faire bouger	"Faire" followed by another infinitive means to "have something done" or "to make something be done."
décoller un petit peu de la feuille	make the figures less two-dimensional

l'équerre	the square
le rapporteur	the protractor

Sujet de discussion

1. Comparez l'emploi de l'ordinateur par les trois jeunes Français qui ont parlé dans ce chapitre et l'emploi de l'ordinateur par un jeune Américain typique.

CHAPITRE 14

La Famille

SEGMENT 1 • **Disjunctive pronouns**
TIME 00:56:15

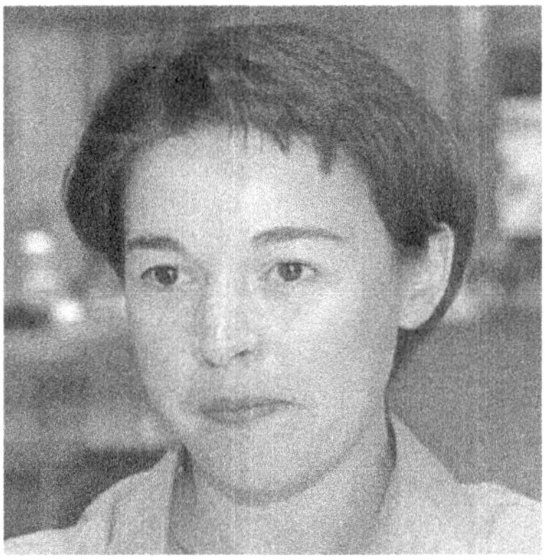

This young flight attendant explains how she manages frequent trips and taking care of her two children.

Mais, **euh,** en général, ça se passe très bien, et, euh, **ben,** surtout grâce à mon mari, qui s'occupe énormément des enfants puisque... il est **à même de** faire tout ce qu'il y a à faire pour les enfants lorsque je ne suis pas là. Donc, c'est quand même, je pars l'esprit tranquille. Et je sais qu'il est là tous les soirs. Et c'est important pour les enfants qu'il y ait un des deux au moins qui soit là tous les soirs. Et dans la journée, il y a une dame qui travaille pour nous, qui vient à la maison et qui s'occupe des enfants ici à la maison. Donc, **c'est que depuis cette année,** depuis qu'on a deux enfants. Et, c'est un gros avantage. C'est un luxe qui nous coûte un peu cher, mais tant qu'on pourra se le permettre, c'est vraiment la meilleure façon **pour nous** de fonctionner puisque les enfants, ils sont **chez eux.** Je sais qu'elle s'en occupe très bien. On a une totale confiance **en elle.**

Notes

euh	uh
ben	An interjection equivalent to the English "well"; "ben" is a familiar form of "bien."
à même de	able to
c'est que depuis cette année	"Ce **n**'est que depuis cette année"; it is only since this year.
pour nous; chez eux; en elle	These are all examples of the disjunctive pronouns ("moi," "toi," "lui," "elle," "nous," "vous," "eux," "elles") that are used as objects of the preposition.

Sujets de discussion

1. Qui s'occupe des enfants de cette famille ?
2. Pourquoi cette jeune mère, préfère-t-elle faire garder ses enfants à la maison à les envoyer à une crèche ?

SEGMENT 2 • **"C'est moi qui"**
TIME: 00:57:09

This "épicerie" is a family business.

Oui, je travaille avec ma femme. Nous, on travaille tous les deux. Comme ça, c'est plus simple pour nous, en fait, parce que c'est plus sympa, en fait. Je travaille avec ma femme. Comme moi, je vais parfois, parce que pour faire les achats, **c'est moi qui y vais,** puis **c'est elle qui reste** au magasin, en fait. Et puis, on s'arrange entre nous, en fait.... Ah, elle a un rôle très important, parce que si moi, je **m'occupe** des achats et elle, c'est elle qui gère, qui gère le magasin à peu pres. C'est elle qui tient la caisse, en fait.... Ah, bien sûr, la famille passe avant le travail déjà. Mais, vu qu'on est jeune, il faut qu'on travaille beaucoup pour **s'en sortir après,** pour gagner un peu d'argent. Et voilà, **quoi** ! Parce que... parce qu'il faut travailler, puis, la vie, elle n'est pas facile de nos jours. Et quand on n'a pas l'argent, on ne pourra rien faire. Et puis, voilà, quoi. On essaie de faire, de faire l'équilibre entre le travail et puis.... Mais la famille est plus importante. C'est sacré, la famille.

Notes

c'est moi qui y vais; c'est elle qui reste — In French, the verb introduced by "qui" agrees with the disjunctive pronoun,

	"moi" in the first case and "elle" in the second.
je m'occupe	I take care of
s'en sortir après	to make out all right later; that is, financially
quoi	an interjection without a real meaning

Sujets de discussion

1. Comment ce jeune couple partage-t-il le travail de l'épicerie ?
2. Pourquoi est-il difficile de faire un équilibre entre le travail et la famille pour ce jeune Français? Est-ce le même cas aux Etats-Unis ?

SEGMENT 3 • "Chez moi"

TIME: 00:58:15

This seasonal worker spends months away from his family.

Ah, je, je fais huit mois ici et je fais quatre mois au Maroc. Je travaille **en contrat saisonnier.** Je travaille huit mois et je reste **chez moi** quatre mois, avec ma famille là. **J'ai marié.** J'ai deux, deux enfants. **L'aîné,** il a sept ans, et le second, il a deux ans et demi.

Notes

en contrat saisonnier	The speaker has a legal contract that allows him to work for eight months and receive not only a fixed salary but also social benefits.
chez moi	At home, at my house. "Chez" has the meaning of "at the home of."
J'ai marié	Non-standard. The correct form is "Je suis marié."
L'aîné	the older boy

Sujet de discussion

1. Pourquoi ce monsieur accepte-t-il de vivre loin de sa famille ?

SEGMENT 4 • **"Il y a" with past tenses**
TIME: 00:58:41

The realities of modern life mean that many French families are far apart.

Je, **je sais pas** si la, la famille est tellement, est tellement importante en France. J'ai l'impression que c'est un lien qui **se dissout,** notamment avec les, les gens qui se déplacent pour leur travail ou leurs études. Les familles ne, ne restent plus ensemble comme **il y a** une cinquantaine d'années. Ben, par exemple, mes parents **dès qu'ils ont pris leur retraite, il y a** déjà presque vingt-cinq ans, ils sont partis habiter à huit cents kilomètres d'ici. Et, bon, j'ai effectivement des cousins, des oncles et des tantes, que je ne vois pas très souvent. **On n'est pas très famille,** très réunion de famille. On, on le fait assez rarement.

Notes

je sais pas	"je **ne** sais pas"
se dissout	"se dissoudre": to dissolve, to undo
il y a	In the two sentences in which "il y a" is used, it means "ago."
dès qu'ils ont pris leur retraite	as soon as they retired

On n'est pas très famille	We aren't the sort of people who spend a lot of time with our extended family.

Sujet de discussion

1. Quelles sont les trois raisons citées pour moins de contact familial ?

SEGMENT 5 • "Manquer à"
TIME: 00:59:38

As in the United States, grandparents in France are affected by children living far from them.

Voilà, alors mes petits enfants, ben, **ils me manquent** quand même beaucoup, parce qu'il sont un peu loin. On se voit toutes les fois que l'on peut, et, mais, on se téléphone souvent. Voilà, ça, c'est vrai que, bon, j'aimerais bien les voir souvent, souvent, parce qu'ils sont tellement adorables. Mais, bon, comme ça, c'est c'est très bien, c'est très très bien. **Je les vois** au téléphone. Alors j'entends Clément au téléphone. C'est vraiment formidable, quoi.

Notes

ils me manquent	I miss them. The French construction is the reverse of English and means, more or less, "They are missing to me."
Je les vois	Hearing her grandchildren is the equivalent of seeing them for this grandmother.

Sujet de discussion

1. Comment la technologie aide-t-elle à franchir les distances ?

CHAPITRE 15

La Situation de la femme

SEGMENT 1 • **The plural of compound nouns**
TIME: 01:00:19

The speaker, a recent retiree, describes life for young women in pre–World War II France.

C'est une grande question, parce que moi, j'estime que ma génération a été la génération **charnière** de l'évolution de la femme en France. Il y a moins de différence entre ce... la vie de ma mère ou de ma **grand-mère** que entre ma vie et celle de mes filles. Et puis, je peux juger sur beaucoup de femmes puisque j'ai trois sœurs et quatre **belles-sœurs** et j'ai cinq filles.... On peut dire que la, ma génération et celle de mes sœurs et belles-sœurs est une génération où les filles n'avaient pas d'accès d'une manière générale à **la formation,** au travail, à la vie professionnelle et également étaient privées d'un certain nombre de choses auxquelles les garçons avaient droit, comme les voyages, comme la possibilité de discuter avec des hommes. Et, donc, **la**

relation était, était celle-ci. Et, et celle qui voulait vraiment **en sortir,** en général devait devenir enseignante.

Notes

charnière	transitional
grand-mère; belles-sœurs	There is no one rule for the plural of French compound nouns. In the case of these familial terms, both elements are pluralized: "grands-mères"; "belles-sœurs."
la formation	an education that would lead to a profession
la relation était... celle-ci	that was the situation
en sortir	get out of the situation

Sujets de discussion

1. Quels droits les garçons avaient-ils que les filles n'avaient pas ?
2. Imaginez la vie d'une fille de vingt ans en France avant 1960.

SEGMENT 2 • **"Par rapport à"; "vis-à-vis de"**
TIME: 01:01:37

This speaker credits her generation with the liberation of French women.

Moi, j'ai eu de la chance, finalement. Je suis née en '48 (quarante-huit), ce qui fait que ma génération, c'est la génération des femmes qui ont commencé à vouloir se libérer, à prendre **la pilule,** et cetera. Donc, effectivement, ça a beaucoup changé **par rapport à** la génération précédente. Donc, moi je trouve que j'ai, j'ai eu beaucoup de chance de naître à cette époque-là parce que, finalement, **on** a fait à peu près ce qu'on a voulu. On a été... moi j'ai voulu travailler. Donc, j'ai pu le faire. J'ai pu avoir une fille. J'ai réussi à faire tout ça en ayant une certaine liberté **vis-à-vis de** mon mari. Donc, oui, je pense que les... le rôle de la femme a beaucoup changé par rapport au.... Ça a commencé à ma génération. Je ne vois pas tellement de différence avec les femmes qui ont maintenant une trentaine d'années. Je ne les trouve pas plus libérées que nous. Je crois que **le gros pas** a été fait avec notre génération. Avec, donc, les enfants du « Baby Boom ». Je ne vois pas tellement de différence. J'ai deux collègues de travail qui ont une trentaine d'années et qui ont un enfant. Sauf le fait qu'elles ne se marient pas forcément. Alors que nous, quand même, en partant de chez nous, on se mariait. On n'osait pas encore à l'époque partir et ne pas se marier. Donc, c'est la seule différence. Mais, je ne les trouve pas plus libres. Je ne trouve pas qu'elles vivent différemment. Elles vivent exactement comme nous. Je crois que la différence, c'est avec nous.

Notes

'48	1948
la pilule	the birth control pill
par rapport à	Compared to. This expression establishes a comparison.
on	French women
vis-à-vis de	In relation to. Here, there is no comparison but rather the explanation of a relationship.
le gros pas	the big step

Sujet de discussion

1. Quels sont les avantages que cette dame attribue à la libération de la femme française qui a eu lieu après 1948 ?

SEGMENT 3 • **Conditional sentences**
TIME: 01:03:00

As this speaker says of her husband, the life of young Frenchmen is also very different from that of the preceding generation.

Donc, **ben,** pour mes parents, c'était une vie complètement différente, avec la femme à la maison qui s'occupe des enfants, qui s'occupe des courses, de faire à manger, de toute **l'intendance,** en fait, de la maison. Et mon père qui travaille, qui a travaillé très dur toute sa vie et qui ne s'occupait pas du tout, en fait, du travail de la maison, **tandis que** pour nous, avec **Laurent,** on est **à même de** faire tous les deux ce qu'il y a à faire dans la maison. Même si Laurent, il ne va pas faire du ménage ou du repassage. Bon, c'est sûr qu'il a son travail, que ça se fait d'un autre côté, mais **il serait capable de le faire s'il fallait le faire.**

Notes

ben	An interjection the equivalent of the English "well"; "ben" is a familiar form of "bien."
l'intendance	the administration of the house
tandis que	whereas

Laurent	the speaker's husband
à même de	capable of
il serait capable... s'il fallait...	This is one of the most common forms of conditional sentences, with the "if" clause in the imperfect tense and the result clause in the conditional tense.
de le faire	"le" refers to housework

SEGMENT 4 • "Ne... que"
TIME: 01:03:44

The speaker describes her work in the home and in the fields and hothouses where the family produces fruits and vegetables.

Voilà, ben, le travail de tous le jours. Bon, alors, l'hiver, **je vais travailler que le matin,** parce que nous avons des salades. Alors, c'est **en plein champ.** Alors, **c'est que le matin.** Et l'après-midi, je peux faire mes courses, me... mon travail à, à la maison, **quoi, le repassage,** le ménage. Et puis, l'été, alors l'été, **c'est pas pareil.** Alors, l'été, **j'y vais** à plein temps. J'y vais le matin et l'après-midi puisque nous avons **des serres.** Alors, nous avons les tomates et puis nous avons des, des fruits, c'est-à-dire les abricots. Alors, bon, ben, ça prend du temps. Alors, là, on y va, j'y vais tous le jours. Voilà. Ça prend, bon, c'est vraiment que c'est... on arrive à tout, à tout, à gérer, quoi. C'est quand même assez pénible pour une femme. Mais, bon, **on y arrive.**

Notes

je vais travailler que le matin	"Je **ne** vais travailler que le matin." I **only** work in the morning.
en plein champ	In the open field. The lettuces are grown outside in the fields.
c'est que le matin	"Ce **n**'est que le matin": It is only in the morning.
quoi	an interjection without a real meaning
le repassage	The ironing. The French iron clothes and linens much more than Americans do.
c'est pas pareil	"Ce **n**'est pas pareil"
j'y vais	That is, "I go to work."
des serres	hothouses where tomatoes are grown
on y arrive	We manage.

Sujet de discussion

1. Pourquoi la vie d'une femme qui travaille dans l'agriculture est-elle peut-être plus difficile que celle d'une femme qui travaille dans un bureau ?

CHAPITRE 16

La Vie politique

SEGMENT 1 • **"De nouveau"**
TIME: 01:04:49

This agricultural producer has been very active in local politics.

Oui, effectivement, j'ai participé à **la vie communale.** En 1977 (mil neuf cent soixante-dix-sept), j'ai été **élu en tant que conseiller municipal, et ce pendant six ans.** Puis après, en '83 (quatre-vingt-trois), bon, **de nouveau,** bon, je me suis représenté et à ce moment-là, bon, élu. Et à ce moment-là, bon, on m'a attribué des responsabilités, c'est-à-dire que j'étais **adjoint au maire** et j'avais la responsabilité de **la voirie communale.** Alors, bien entendu, cela suppose beaucoup de travail mais enfin beaucoup de satisfaction, car c'est un plaisir de s'occuper de la population, de pouvoir un peu voir les difficultés des uns et des autres. Enfin, c'est exaltant aussi.

Notes

la vie communale	The life of the commune. The commune is the smallest administrative division in France. This one has a population of about five thousand.
élu	elected; the past participle of "élire"
en tant que	to the office of
conseiller municipal	Each commune elects counselors; the number varies according to the population. The counselors form the "conseil municipal," which takes care of practical matters. The counselors elect a mayor from their group.
et ce pendant six ans	for a six-year term
adjoint au maire	deputy mayor
la voirie communale	roadways of the commune

Sujet de discussion

1. Pourquoi ce monsieur éprouve-t-il tant de satisfaction dans son travail de conseiller municipal ?

SEGMENT 2 • **The use of "depuis" with the "passé composé"**
TIME: 01:05:33

This producer of foie gras has been involved on a national level in organic livestock farming.

J'ai été dix-sept ans à **la Commission des marchés français** pour la viande de veau **import-export.** Alors, **[vous]** voyez, ils ont.... Et, en plus de ça, ça m'a permis de **passer à la télé,** et ça m'a permis aussi d'être président de **la Commission contre les hormones,** sur le plan français, que **j'ai abandoné depuis** parce que ça sert.... Si vous voulez **c'est pas** un seul homme qui peut diriger ou qui a le pouvoir d'être la, comment, **disons, d'avoir la parole juste** pour ces produits-là. Mais, enfin.

Notes

la Commission des marchés français	An agency that oversees the sale of French agricultural products.
import-export	The speaker was principally concerned with standards for the importation and exportation of veal.
[vous]	The speaker does not actually pronounce the subject of the sentence, "vous."

passer à la télé	to appear on television
la Commission contre les hormones	The speaker laughs because he is speaking to an American and he is aware of the French opposition to American meat treated with hormones and to genetically altered products in general.
j'ai abandoné depuis	That I have since given up. When used with the "passé composé," "depuis" translates as "since."
c'est pas	"ce **n'**est pas"
disons	shall we say
d'avoir la parole juste	to say the right thing

Sujets de discussion

1. Quelles sont les différences entre les deux commissions sur lesquelles ce monsieur a servi ?
2. Quelles sont les réserves au sujet de l'engagement politique qu'il exprime dans la dernière phrase ?

SEGMENT 3 • **"N'importe quel"**
TIME: 01:06:15

This retired policeman, who has spent his life as a public servant, has a somewhat different view of French politics.

... Très peu, très peu. Par rapport à ma fonction de policier, on sert **un gouvernement.** Donc, **que ça soit n'importe quel gouvernement,** on le sert. Donc, on n'a pas trop **d'étât d'âme** que ça soit la droite, la gauche, parce qu'en France on parle beaucoup de droite; on parle beaucoup de gauche. Maintenant, il y a des partis de l'... **extrémiste qui retranchent.** Alors, **la politique m'intéresse pas trop....** Ah, oui, oui, ça, je fais mon devoir civique. Je vote.... Eh, bien, toutes les élections qu'il puisse y avoir en France. C'est-à-dire, les élections **cantonales,** les élections **législatives,** et les élections présidentielles... les élections municipales.

Notes

... Très peu, très peu — This is the speaker's answer to the question "Are you interested in politics?"

un gouvernement — an administration, that is, the president and his advisers

que ça soit n'importe quel gouvernement — No matter what administration. "N'importe

	quel" means "whichever," "whatever."
d'état d'âme	"scrupules," qualms
extrémiste	The speaker is thinking specifically of the Front national, a far-right party whose candidate beat the Socialist candidate in the first round of the presidential elections of 2002.
qui retranchent	"retrancher": to trap; to entrench. That is, those parties entrench themselves in their ideas.
la politique m'intéresse pas trop	"la politique **ne** m'intéresse pas trop"
cantonales	The "canton," composed of several communes, is a subdivision of a "départment."
législatives	elections for the "députés" sent to the Assemblée nationale in Paris

Sujets de discussion

1. Y a-t-il autant d'élections aux Etats-Unis qu'en France ?
2. Pourquoi cet ancien policier ne s'intéresse-t-il pas trop à la politique ?
3. Expliquez ce que c'est que, « la droite », « la gauche », « l'extrémisme ».

SEGMENT 4 • **"Peut-être"**
TIME: 01:07:02

The speaker offers an intelligent evaluation of contemporary French politics.

Et moi, ce qui m'intéresse, c'est la politique de **terrain.** C'est trouver notamment des résponses à des problèmes rencontrés de proximité. Après, au niveau, au niveau natioanal, on, a on a connu des périodes difficiles avec **les dernières élections,** mais on peut aussi se dire que le.... On est une France qui quand même est très **ciblée,** qui est très regroupée, qui est très centrée, et qui est marquée par deux courants qui s'opposent, enfin qui **cherchent à** s'opposer avec une gauche, et une droite qui, malgré tout, en fait, n'ont pas tant d'opposition que ça.... **Peut-être que** le, peut-être que la politique que j'aimerais, c'est une politique qui se voudrait peut-être orientée vers la, vers **le parler** le plus vrai. Et, puis, se dire, on va faire ça mais on n'a pas besoin. Ce n'est pas parce qu'on est dans un tel parti politique qu'on n'a pas le droit de reconnaître que telle autre personne a **des bonnes idées** et des bonnes actions.

Notes

terrain	Soil. Here the speaker means local politics.

les dernières elections	The presidential elections of 2002, in which far-right candidate Jean-Marie Le Pen was a finalist.
ciblée	focused, centralized
cherchent à	try to
Peut-être que	The adverb "peut-être" is normally placed after the verb. If it occurs at the beginning of the sentence, either it must be followed by "que" or the verb must be inverted with the subject.
le parler	speech
des bonnes idées	Normally, the partitive "des" changes to "de" before a plural adjective preceding a noun: "de bonnes idées."

Sujets de discussion

1. Quelles sont les opinions de ce monsieur quant aux différents partis politiques ?
2. Que veut-il dire par « le parler vrai » ?

SEGMENT 5 • The plural of nouns and adjectives ending in "-al"
TIME: 01:07:55

Young people are in general more idealistic about politics than adults.

Hmmm, je crois que, en fait, les, les, les jeunes en général ont, ont fait des rêves assez **globaux,** on va dire. Ils ont envie de, oui, de changer les choses. Ils ont envie de, ils ont beaucoup d'**idéaux.** Alors que les gens qui sont à la politique qui sont, qui font partie des, des gouvernements qui **prennent des, des décisions,** eux ne peuvent jamais satisfaire les désirs et ne peuvent jamais, susciter, ou rarement l'intérêt des jeunes parce que, **eux,** n'ont que des mesures à proposer, et n'ont pas, n'ont pas de rêves à réaliser. Alors que, moi, j'aimerais qu'on, qu'on change beaucoup de choses, qu'on, que ça soit la révolution à la limite. Donc, évidemment, **c'est pas compatible** avec des discours **des magots,** en plus, qu'on a l'habitude d'entendre. Donc, non, mais je m'i.... Mais, bon, ça ne m'empêche pas de me mobiliser et de voter, de voter à chaque fois.

Notes

globaux	the plural of "global"
idéaux	the plural of "idéal"
prennent des, des décisions	"prendre des décisions": to make decisions
eux	the politicians

c'est pas compatible	"ce **n**'est pas compatible"
des magots	Apes. A pejorative term for professional politicians.

Sujet de discussion

1. Pourquoi cette jeune Française ne s'intéresse-t-elle pas à la politique?

CHAPITRE 17

Des Problèmes sociaux actuels

SEGMENT 1 • The present participle

TIME: 01:09:06

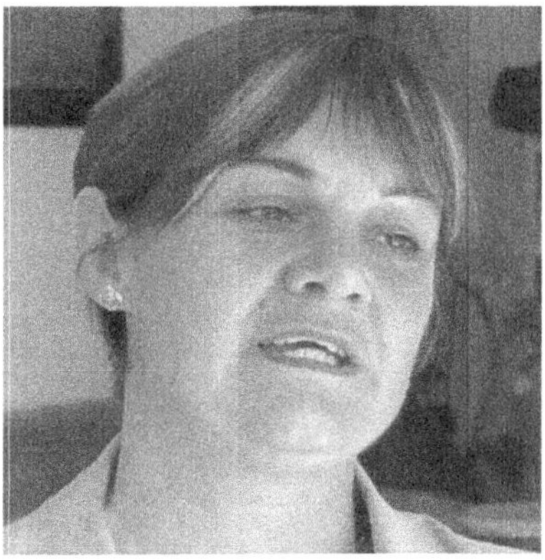

This elementary school teacher voices a familiar complaint.

Il n'y a peut-être pas assez longtemps que j'enseigne pour voir une différence, et malgré tout, on s'aperçoit que les enfants sont beaucoup plus difficiles maintenant **parce que plus exigeants** et il y a besoin de beaucoup plus de discipline. Donc, maintenant notre métier—mais je suppose que c'est pareil aux Etats-Unis—n'est pas seulement de l'enseignement mais beaucoup aussi de, de discipline et d'autorité imposée pour pouvoir enseigner. Donc, ça c'est un côté un petit peu désagréable parce que quand on aime enseigner, être en permanence gêné par la discipline, c'est un petit peu **embêtant.**

Notes

parce que plus exigeants	"parce qu'**ils sont** plus exigeants"
exigeants	demanding
embêtant	Annoying. Present participles like this and "exigeants" are formed by adding "-ant" to the "nous" form, with the ending dropped, of the present tense.

Sujets de discussion

1. Que veut dire cette institutrice par les mots « exigeants » et « autorité » imposée ?
2. La même situation existe-t-elle aux Etats-Unis ?

SEGMENT 2 • Transportation

TIME: 01:09:41

As the speaker indicates, strikes in public transportation take place often in France and can paralyze the country.

Ben, la France, je crois que la France est très bien **dotée au point de vue moyens de transport,** sauf en cas de, de **grève....** Ben, vous avez, par exemple, **les chemins de fer.** Les chemins de fer français sont par... parmi les meilleurs, les meilleurs du monde, enfin, du monde, oui, enfin, d'Europe. **L'aéronautique** aussi.... Il y a, mais il y a le problème des, des grèves. C'est souvent, les gens se mettent en grève, et on ne sait pas très bien pourquoi. C'est un peu l'exception française, voyez-vous ?

Notes

ben	An interjection the equivalent of the English "well"; "ben" is a familiar form of "bien."
dotée	endowed
au point de vue moyens de transport	a shortened form of "au point de vue **des** moyens de transport"
les moyens de transport	transportation

grève — "la grève": strike
les chemins de fer — the railroad system
L'aéronautique — aviation

Sujet de discussion

1. La grève est-ce l'exception française ? C'est-à-dire, y a-t-il des grèves comparables aux Etats-Unis ?

SEGMENT 3 • "Nous autres"
TIME: 01:10:19

The formation of the European Union has raised issues of fairness for French agriculture.

Euh, l'Union européene est une grande entité qui regroupe pas mal d'états membres et qui est appelée en avoir d'autres. Mais, bon, ce qu'il y a, il faudrait arriver à harmoniser certaines choses, **à savoir,** bon, ben, les salaires, **le chômage,** il y a beaucoup de... parce que chaque état membre favorise telle ou telle activité. Alors, bien entendu, pour ce qu'il y a en ce qui nous concerne, **nous autres,** les marchands de fruits et de légumes **de la région,** surtout de Provence, nous sommes confrontés à **une concurrence** assez **rude** par rapport à des pays comme l'Espagne, comme l'Italie, la

Grèce, où ils ont des coups bien moins, bien plus avantageux, **des coups de production bien plus avantageux** que les nôtres. Alors, il y a quelque chose à faire, à voir de ce côté-là.

Notes

euh	uh
à savoir	"that is" or "to be precise"
le chômage	Unemployment. In the past two decades, unemployment has been the most pressing social problem in France.
nous autres	"Autres" simply establishes a contrast between the pronoun, in this case "nous," and another pronoun or noun—here, the farmers from Spain, Italy, and Greece.
de la région	Provence
une concurrence	a competition
rude	harsh
des coups de production bien plus avantageux	The three countries mentioned are able to produce more fruits and vegetables at lower prices than French merchants can.

Sujet de discussion

1. Résumez la situation de l'agriculture française dans l'Union europééne.

SEGMENT 4 • **"Un peu"—French understatement**
TIME: 01:11:09

Large-scale farms run counter to the practices of traditional French farmers.

Ah, parce que je crois que, aujourd'hui **que ce soit hormones et tout ça,** on en a trop fait pour faire de la viande, alors qu'on a mis, disons, l'agriculture en péril pour diminuer les surfaces, **hein.** Pour, **ah, non, non,** pour agrandir les surfaces et diminuer **les exploitations.** Et là, je crois qu'on s'est **un peu** trompé aujourd'hui d'avoir les, les grandes, grandes fermes qu'on voit chez nous qui emploient, **je vais pas vous dire,** des quantités de produits chimiques pour produire, pour produire, et qu'on ne saura plus bientôt ce que nos enfants, et ce que nous, on mangera.

Notes

que ce soit hormones et tout ça	Whether it is hormones and all that. Understood is "or some other chemical product."
hein	an interrogative word that means either "what?" or "Isn't that so?"

ah, non, non	The speaker realizes that he has expressed himself incorrectly before and corrects himself in this sentence.
les exploitations	smaller farms
un peu	"Un peu" in this segment and in many other interviews actually means "a great deal." It is a good example of the French tendancy to understate opinions.
je vais pas vous dire	"je **ne** vais pas vous dire"

Sujets de discussion

1. Pourquoi les fermes traditionelles ont-elles diminué en importance ?
2. Pourquoi les grandes fermes utilisent-elles des produits chimiques ?
3. De quoi ce producteur a-t-il peur ?

SEGMENT 5 • **"Dont"**
TIME: 01:11:44

The speaker believes that problems of integration have long existed in France.

Je pense pas qu'en vingt ans il y ait eu de gros bouleversements. La principale différence, c'est qu'on en parle beaucoup plus qu'avant, justement, de tous les problèmes liés à l'intégration, notamment des, des jeunes **Beurs,** des, des gens d'Afrique du Nord. Mais, ces gens ont toujours été là. Et c'est la façon **dont** on les perçoit. C'est, c'est le fait aussi qu'ils s'intègrent de moins en moins. C'est-à-dire que **les jeunes** sont de plus en plus révoltés. Ils n'arrivent pas à trouver leur place en fait dans la société. Alors, c'est ça qui a changé en fait. C'est surtout la façon dont on en parle, la façon et, puis, après, pour **les travers** aussi donc que ça ennuie. Notamment on parle beaucoup en France en ce moment de violence, d'insécurité, mais **c'est** des choses qui sont très localisées qui ont toujours existé mais **dont** on parlait beaucoup moins avant et dont on s'occupait beaucoup moins.

Notes

Beurs	"les Beurs": a slang, but common, term for the children of North African immi-

	grants born in France. The term is not pejorative.
dont	"In which," "about which," "of which." This segment contains several examples of the relative pronoun "dont"; in each case "dont" is used because the verbs "percevoir," "parler," and "s'occuper" take the preposition "de" before an object.
les jeunes	"les jeunes Beurs"
les travers	the mistakes or faults
c'est	"Ce sont" is the grammatically correct form, but "c'est" is often used in conversation, even when followed by a plural noun.

Sujets de discussion

1. Quel groupe a beaucoup de mal à s'intégrer dans la société française ?
2. Quels nouveaux problèmes attirent l'intérêt du public à ce groupe ?

CHAPITRE 18

Les Différences linguistiques

SEGMENT 1 • Special uses of the conditional tense
TIME: 01:12:49

The purest French, or the "king's French," as this speaker calls it, is spoken in the Loire Valley.

Eh, on dit toujours que **notre région** a la langue la plus raffinée de France parce que c'était la langue royale, **tout au long de** la Loire. Donc, **ce serait la région** qui a le moins d'accent, mais c'est bien difficile de dire cela.

Notes

notre région	the Loire Valley
tout au long de	all along

ce serait la région — "supposedly this is the region"; the conditional is used here to indicate a fact that the speaker cannot verify, as the rest of the sentence indicates.

Sujets de discussion

1. Que veut dire « raffinée » ?
2. Comparez le français de cette dame à celui des Parisiens et des Provençaux. Notez-vous une différence ?

SEGMENT 2 • Agreement of adjectives

TIME: 01:13:09

Although sign languages differ throughout the world, there have been attempts to create an international sign language.

Je connais bien **la langue des signes française.** Évidemment, j'ai grandi en France.... Et je ne savais même pas qu'il avait d'autres langues des signes **différentes** dans le monde, **jusqu'à j'aie voyagé** un peu pour les compétitions de sport.... Et c'est là en rencontrant les sourds d'autres pays qui avaient d'autres langues des signes **différentes** que j'ai trouvé les signes internationaux, les signes qu'on utilise entre sourds qui ont des langues des signes **différentes** pour communiquer... une sorte de pantomime avec les signes internationaux.

Notes

la langue des signes française	French sign language. Note that the adjective "française" agrees with the noun "langue," as does, later in the interview, the adjective "différentes."
jusqu'à j'aie voyagé	A nonstandard expression. The standard expression is "jusqu'à avoir voyagé." Although the subjunctive is used after "jusqu'à ce que," the infinitive should be used in this case because there is no change of subject (that is, the subject of the main clause and of "jusqu'à ce que" is "je").

Sujets de discussion

1. Pourquoi ce monsieur décrit-il ses expériences avec la langue des signes internationale comme « une sorte de pantomime » ?
2. Comment a-t-il appris qu'il y avait d'autres langues des signes que la langue des signes française ?

Segment 3 • **Slang**

TIME: 01:14:02

The speaker describes a particular form of slang called "le verlan." The female student accompanying the speaker also makes a comment.

Georges: L'argot? Ah, oui, ça je connais très bien l'argot. Donc, l'argot, en fait, **ben,** en France c'est un peu différent qu'aux Etats-Unis. C'est-à-dire qu'il n'y a pas des mots, **il n'y a pas des mots d'argot** en France. Il y en a, bien sûr, mais c'est plutôt c'est **un langage à part,** si vous voulez. C'est, on prend, on parle **le verlan** quand on parle argot en français. C'est-à-dire qu'on prend un mot et on coupe les syllabes, et **on** les **inverse** en parlant. Un exemple, pour dire « je vais aller manger », on dit, « je vais aller 'gé-man' », vous voyez. A la limite, ça c'est le premier degré de l'argot.
Anna: **Et après c'est terrible.**
Georges: Parce que après, avec le temps, vous voyez, le langage est vivant, **quoi,** et les, et avec les amis **on finit par...** ça devient « je vais aller gemme ». Vous voyez, « je vais aller manger », « je vais aller gemme ». Et une seule syllabe suffit, vous voyez. Et ça peut s'appliquer à presque, à tout dans la langue française, quoi.

Notes

ben — An interjection the equivalent of the English "well";

	"ben" is a familiar form of "bien."
il n'y a pas des mots d'argot	The speaker does not mean that there are not individual slang words in French, as he immediately admits, but rather that individual words are not what is most interesting in French slang.
un langage à part	a separate language
le verlan	"Verlan" means "l'envers" or "backwards" pronounced backwards!
on... inverse	you reverse
Et après c'est terrible	And then, it gets really complicated.
on finit par	you end up
quoi	an interjection without a real meaning

Sujets de discussion

1. A quel langage en anglais le verlan ressemble-t-il ?
2. Pourquoi les gens veulent-ils parler verlan ?

SEGMENT 4 • **Creole**
TIME: 01:14:45

The speaker describes creole, a nonstandard dialect of French spoken in the West Indies.

Eh, bien, le créole, c'est, c'est une langue qu'on parle en Haïti, qui est un pays francophone. Le créole se parle aussi à la Martinique, qui est **une province française,** qui se trouve aussi dans **la Caraïbe.** La Martinique, la Guadeloupe, et dans les îles comme **la Dominique,** et je crois aussi en **Seychelles** quelque part **au clos de l'Afrique, en Mauritanie.** Donc, la, le créole, c'est, c'est une déformation comme on dit, de la langue française. Et, et, et si quelqu'un parle le créole, vous allez rencontrer beaucoup de mots en français, mais les mots ne se placent pas grammaticalement, comme on dit. Il y a toujours des, des variations, quoi.... **« Kòman ou yé »** : « How are you? » « Comment ça va ? » « Ki jan ou rélé »: thats means, « Quel est votre nom? » Et « Ki koté ou abité ? » : « Where do you live? » « Où est-ce que vous habitez ? »

Notes

une province française	Martinique is part of France, one of the "départements d'Outre-Mer." Guadaloupe is also. Residents of these islands are French citizens.

la Caraïbe	"La Mer des Caraïbes": the Caribbean Sea
la Dominique	Dominica, a small Caribbean island near Puerto Rico
Seychelles	The Seychelles Islands, off the southeast coast of Africa
au clos de l'Afrique	in the region of Africa
en Mauritanie	Mauritania, a large country on the west coast of Africa south of Morocco
Kòman ou yé ?	The first orthography of Haitian Creole was divised in 1941 by H. Ormande McConnell; it was later modified and is now referred to as the ONEC spelling, since it is used by the Organisation nationale pour l'education communautaire. Haitian Creole does not always use accent marks where standard French does, as on "où" or "côté."

Sujets de discussion

1. Quels mots français reconnaissez-vous dans le créole ?
2. Notez l'influence de l'anglais dans le créole.

CHAPITRE 19

Les Souvenirs

SEGMENT 1 • **The sequence of tenses in the subjunctive**

TIME: 01:16:03

The speaker shares his memories of school and the army.

Moi, je vais remonter à ma jeunesse.... Mes parents étaient boulangers. Je suis le troisième d'une famille de huit enfants. **J'ai toujours vu mes parents beaucoup travailler,** et j'ai continué **sur la même lancée.** J'ai... étant le... **l'aîné** des garçons, mon **papa souhaitait que j'aille** au **collège.** Alors, j'ai fait le collège deux ans, mais **j'aimais pas** les études. J'ai fait de la boulangerie une année, et comme j'étais asthmatique, **j'ai pas continué** le métier de boulanger. Je ne savais pas trop quoi faire. Alors, j'ai passé **des tests,** et on m'a dit que **je pouvais faire boucher.** Alors, je me suis lancé dans la boucherie.... Alors, le régiment, on a... **j'ai été appelé** en '56 (cinquante-six). C'était **la Guerre d'Algérie.** Alors, je suis parti là-bas. J'y étais vingt-huit mois. Et, ça a été long, et finalement, je... **je regrette pas** l'Algérie, que je regrette mon collège. J'aimais mieux l'Algérie, l'ambiance Algérie, que **l'ambiance collège.**

Notes

J'ai toujours vu mes parents beaucoup travailler	I always saw my parents work hard.
sur la même lancée	in the same vein
l'aîné	the oldest
papa souhaitait que j'aille	Papa wanted me to go. In modern French, the present subjunctive is used after a verb in the imperfect when the action in the subjunctive takes place at the same time or after the main verb.
collège	middle school. "Le collège" has a strong academic program.
j'aimais pas	"je **n'**aimais pas"
j'ai pas continué	"je **n'ai** pas continué"
des tests	evaluative tests
je pouvais faire boucher	that is, "I could become a butcher"
j'ai été appelé	I was called up. Military service was obligatory for young men in France until the 1990s.
la Guerre d'Algérie	From 1954 to 1962, the Algerians fought the French to gain their independence.
je regrette pas	"je **ne** regrette pas"
l'ambiance collège	the atmosphere of the middle school

Sujets de discussion

1. Comment ce monsieur est-il devenu boucher ?
2. Quels sont ses meilleurs souvenirs ? Ses pires souvenirs ?

SEGMENT 2 • **"Revenir"**
TIME: 01:17:09

The speaker describes his grandfather's life in Morocco during French colonial days.

Donc, en fait, c'est mon grand-père maternel. Donc, lui a une histoire assez atypique aussi, puisqu'il a passé la majorité de sa vie en Af... enfin, en Afrique du Nord, et au Maroc, notamment. Donc, c'est ce qu'on appelle un **pied noir.** Donc, il a vécu quasiment soixante ans de sa vie là-bas avant de **revenir** en France après **l'indépendance du Maroc.** Et donc ma mère est aussi née au Maroc. Donc, elle n'est pas née en France. Donc, voilà, et depuis qu'il est en France, en fait c'est quelqu'un qui a travaillé, qui était infirmier. Donc, qui a travaillé pour l'armée, notamment. Il était infirmier dans l'armée. Et puis, quand il est revenu en France, il a travaillé dans un hôpital. Donc, il a fait ça toute sa vie.

Notes

pied noir	term for French colonists in Algeria and Morocco
revenir	To come back. The verb "revenir" indicates that the grandfather began his life in France.
l'indépendance du Maroc	When the North African colonies gained their independence from France, the colonists returned to France, even if they were born in Africa.

Sujet de discussion

1. Expliquez ce que c'est qu'un pied noir.

SEGMENT 3 • **"Se rendre compte"**
TIME: 01:18:00

During World War II, many young Frenchmen were forced to work in German war factories.

Je ne savais pratiquement rien faire. J'avais fait... j'avais fait des études, des études secondaires, mais je... je n'avais pas de spécialité.... **Il** m'avait mis dans cette usine pour apprendre à travailler, et puis le directeur, il m'a inscrit, il m'a mis sur la liste du STO. Le STO, c'était le **Service du travail obligatoire** en Allemagne. Et moi, je me suis retrouvé en Allemagne. Et j'ai passé deux ans en Allemagne. Et, c'est une expérience très intéressante, parce que on **s'est rendu compte** que le système allemand, système **hitlérien,** reposait uniquement sur la peur. Les gens avaient peur. On ne savait pas très bien, vous ne saviez pas **du jour au lendemain** ce qui pouvait vous arriver.

Notes

Il	the speaker's father
Service du travail obligatoire	During the German occupation of France, after 1941, young Frenchmen were sent to Germany to work in the factories. The conditions of life were harsh.
s'est rendu compte	"se rendre compte": to realize. Although today the verb "réaliser" is often used, "se rendre compte" is the correct term.
hitlérien	of Hitler
du jour au lendemain	from one day to the next

Sujets de discussion

1. Comment ce monsieur a-t-il été envoyé en Allemagne ?
2. Selon ce monsieur, pourquoi les gens qui vivaient en Allemagne pendant la guerre avaient-ils si peur ?

SEGMENT 4 • The imperfect tense with habitual past actions
TIME: 01:18:58

Before television, life in France often involved communal activities.

Avant la télévision? Ah, **bé,** c'est vieux, ça. On lisait, **on tricotait.** Oui, je crois que c'est tout. Ah, non, non, non. On était dans un... dans **le Midi,** dans une petite ville, il y avait, on faisait des soir... il y avait des soirées, mais pas des **soirées dansantes,** des veillées plutôt. On appelait ça **la veillée.** On allait chez les uns, chez les autres. C'était sympa. Oui, à la campagne, chez mon grand-père, **on écossait le maïs** avec tous les voisins. Mais, non, **c'était pour les vacances,** ça.

Notes

bé	A familiar form of "bien" that is often found in combination with "bon," as in "bon, bé"
on tricotait	We knitted. In this passage the verbs are in the imperfect because they are frequently repeated past actions.
le Midi	the south of France
soirées dansantes	dances

la veillée	the evening get-together
on écossait le maïs	we shucked corn
c'était pour les vacances	during the summer vacation from school

Sujets de discussion

1. Quelles sortes d'activités y avait-il à la campagne avant la télévision ?
2. Pourquoi cette dame croit-elle que ces soirées étaient « sympa » ?

SEGMENT 5 • "Le samedi"

TIME: 01:19:34

The speaker reminisces about her adolescence.

Alors, j'ai passé ma jeunesse à Goult, un petit village du **Vaucluse,** pas loin de **Roussillon,** Gordes. Et, j'ai deux sœurs et un frère plus âgés. Je suis la plus jeune. J'étais à **l'école communale** jusqu'à quatorze ans, jusqu'au **certificat d'études.** Et ensuite je suis allée à **l'école agricole-ménagère** deux ans. Enfin, **j'ai pas trop suivi,** parce que les études, c'était pas trop **mon fort.** Et puis après j'ai commencé à travailler. Alors, j'ai travaillé dans un établissement **en Vernègues.** C'est une fabrication de **carreaux.** Voilà, alors, j'étais **céramiste.** Je faisais, des carreaux, alors, **faits main,** avec **de la pâte**

d'argile. On avait plusieurs **moules,** et on les faisait aussi **mécanique,** enfin à la machine.... Alors, j'ai connu mon mari, **ben,** en allant au bal **le samedi soir, le dimanche,** et **les fêtes votives.** Voilà, on s'est connu là, fin '69 (soixante-neuf), début '70 (soixante-dix), puisqu'on s'est marié au mois de, le dix octobre '70 (soixante-dix).

Notes

le Vaucluse	a region in Provence
Roussillon	a Provencal village famous for its red soil used to make ocher
l'école communale	the elementary school of the commune of Goult
certificat d'études	a diploma attesting to the completion of studies at the "école communale"
l'école agricole-ménagère	a secondary school preparing students for agricultural work or home-making.
j'ai pas trop suivi	"je **n'**ai pas trop suivi": "I didn't keep up with my studies"
mon fort	my strong point
en Vernègues	a small town in the region
carreaux	ceramic tiles
céramiste	ceramic tile-maker
faits main	handmade
de la pâte d'argile	clay paste
moules	molds
mécanique	machine-made
ben	An interjection equivalent to the English "well"; "ben is a familiar form of "bien."
le samedi soir, le dimanche	On Saturday evening, on Sunday. "Le" and the days of the week means every

	Sunday, or normally on Saturday or Sunday.
les fêtes votives	religious feast days

Sujet de discussion

1. Comment les jeunes Français qui vivaient à la campagne rencontraient-ils leurs épouses ?

CHAPITRE 20

L'Avenir

SEGMENT 1 • **"Trucs"**
TIME: 01:21:02

These middle-school students have ambitions that could take them far from the small agricultural town where they live.

Le garçon : **Hein,** j'aimerais bien, **ben,** faire sports-études pour, pour pouvoir continuer **mon loisir,** mais professionnellement.
Interviewer : Et dans quel sport ?
Le garçon : Tennis de table.
La fille : Ben, j'aimerais m'orienter dans le journalisme ou le stylisme.
Interviewer : Ou le ?
La fille : Stylisme.
Interviewer : Qu'est-ce que c'est ?
La fille : C'est, ah... les vêtements, on prépare, on dessine des vêtements, **des trucs** comme ça.

Notes

hein	an interrogative word that means either "what?" or "Isn't that so?"
ben	An interjection the equivalent of the English "well"; "ben" is a familiar form of "bien."
mon loisir	my leisure activities
des trucs	Things, stuff. "Truc" is a catch-phrase used when one cannot think of the name of an object or cannot explain an idea precisely.

Sujet de discussion

1. Comparez les ambitions de ces jeunes Français à vos ambitions quand vous étiez jeune ou aux ambitions des élèves américains du même âge.

SEGMENT 2 • **The future perfect**
TIME: 01:21:33

Although the student on the right is entering business school, she is still considering other professions.

Eh, moi, c'est un petit peu le même, le même problème, c'est-à-dire que **j'ai pas voulu** choisir, et le problème, c'est que je ne sais toujours pas vraiment quoi choisir. Cela dit, je pense qu'une fois que **je serai rentrée** dans **une école de commerce** et que **j'aurai vu** un petit peu les différents métiers qu'on peut trouver **rien qu'au sien du commerce,** j'aurai déjà peut-être une idée un peu plus précise. Comme ça, **je répondrai** plutôt au travail dans la communication, la publicité, des choses, **euh,** pourquoi pas ? Mais j'avoue aussi, mais ça, c'est, disons, pas très compatible avec les études **de prépa,** et, des écoles de commerce. C'est que, **dans le fond,** j'aurais aimé, je pense, aussi être prof.

Notes

j'ai pas voulu	"je **n**'ai pas voulu"
je serai rentrée	The future perfect is used in clauses beginning with "quand" or equivalent synonyms ("une fois que") when the main

	action is in the future and the action introduced by "quand" must take place before the action in the future. In this sentence, the speaker explains that once she has started attending business school, she will have a better idea of which area of business interests her. Another example of the future perfect tense is "j'aurai vu."
une école de commerce	business school
rien qu'au sein du commerce	just within the realm of business
je répondrai	I will specialize in; I will study
euh	uh
prépa	the two years of course work preceding the competitive examination for entrance into business school
dans le fond	really; actually

Sujets de discussion

1. Pourquoi cette étudiante a-t-elle choisi de préparer une école de commerce ?
2. Ses intérêts correspondent-ils aux intérêts des Américains de son âge, ou sont-ils différents ?

SEGMENT 3 • The conditional

TIME: 01:22:16

The speaker answers the question "What will you be doing in ten years?"

Ben, pour l'instant, euh, **j'ai pas** trop réfléchi à ce que je ferai dans dix ans si ce n'est que **j'aimerais** reprendre des études. Je sais que j'aimerais continuer dans les études et éventuellement peut-être me tourner vers un autre métier que **l'enseignement.** Je ne sais pas encore lequel. Mais, euh, je pense que j'aimerais enseigner à des adultes pour changer un petit peu d'enseigner à des enfants de, de collège.

Notes

j'ai pas	"je **n**'ai pas"
j'aimerais	The conditional tense is more polite, less aggressive than the present tense and is commonly used to express desires or wishes.
l'enseignement	that is, secondary school teaching

Sujet de discussion

1. Quelles différences y a-t-il entre l'enseignement aux adolescents et aux adultes ?

SEGMENT 4 • **"Chacun"**
TIME: 01:22:48

This elementary school teacher talks about the goals of education.

J'ai un tempérament optimiste. Donc, **forcément** je suis optimiste. Euh, bon, c'est vrai qu'il y a des problèmes de **chômage.** C'est vrai que ça existe, mais, mais, par rapport à mes élèves, je suis optimiste. **Y a pas... il y a aucun** problème. Je crois qu'**on leur donne** toutes les chances et qu'on essaie de tout faire **justement** pour qu'ils aient les, les capacités de, à s'adapter au monde qui évolue si vite. C'est ce qu'on essaie de leur enseigner plus que **les connaissances** et justement de pouvoir être capable de, de s'adapter à la vie qui, qui évolue. Donc, je crois que **chacun, s'il** en a envie—et c'est ce qu'on essaie de lui dire, d'avoir envie de faire des choses—il pourra réussir, bien sûr, dans sa vie.

Notes

J'ai un tempérament optimiste	I am naturally optimistic. The speaker believes that children are born with certain personality traits.
forcément	necessarily
chômage	"le chômage": unemployment
Y a pas... il y a aucun	"**Il n**'y a pas... il **n**'y a aucun"
on leur donne	we, the teachers, give them
justement	exactly
les connaissances	factual information, as in math, grammar, and geography
chacun, s'il	"chacun": each one. An indefinite pronoun, "chacun" is masculine in gender, as the following pronoun "il" indicates.

Sujets de discussion

1. Quelle est l'idée principale que cette institutrice essaie d'enseigner à ses élèves ?
2. Que veut-elle dire par « avoir envie de faire des choses » ? Quelles choses, à votre avis ?

SEGMENT 5 • The conditional of "devoir"
TIME: 01:23:36

This young African student looks forward to many years of intellectual development.

Après la fin de mes études ? Déjà, l'année prochaine si tout va bien, je, **je devrais avoir mon BTS.** C'est **un bac plus deux.** Mais moi, je ne pense pas m'arrêter là, parce que je souhaite avoir au moins **un bac plus quatre,** minimum. Donc, après mon BTS, ce qui est sûr, je, je vais travailler et en même temps étudier. C'est-à-dire, travailler pour gagner de l'argent pour ne plus dépendre des parents et tout ça, et **dans le même temps,** étudier afin d'**évoluer, quoi,** parce que je, je suis très ambitieux.

Notes

Aprés la fin de mes études ? — This is in answer to the question "What will you do after you finish your education?"

je devrais avoir — I should have. In the conditional tense, "devoir" has the sense of a moral obligation. Here, however, it means that, if all goes well,

	nothing will prevent him from passing this test.
mon BTS	Brevet de technicien supérieur
un bac plus deux	two years of advanced study after completion of high school and success at the baccalaureate examinations
un bac plus quatre	four years of advanced study
dans le même temps	during this same time
évoluer	to develop
quoi	an interjection without a real meaning

Sujet de discussion

1. Quelles sont les ambitions de ce jeune homme ?